El jardín de tu corazón

WALTER DRESEL

El jardín
de tu corazón

Cómo cultivar un espacio de
encuentro en tu vida

Grijalbo

Papel certificado por el Forest Stewardship Council®

Primera edición: noviembre de 2017

© 2016, Walter Dresel
© 2017, Penguin Random House Grupo Editorial, S. A. U.
Travessera de Gràcia, 47-49. 08021 Barcelona
© 2016, Penguin Random House Grupo Editorial, Editorial Sudamericana Uruguaya, S. A.
Yaguarón 1568, CP 11.100 Montevideo

Printed in Spain – Impreso en España

ISBN: 978-84-253-5573-8
Depósito legal: B-20.840-2017

Compuesto en Pleca Digital, S. L. U.

Impreso en Black Print CPI Ibérica
Sant Andreu de la Barca (Barcelona)

GR 5 5 7 3 8

Penguin
Random House
Grupo Editorial

Índice

Prólogo

Quiero darte la bienvenida a este libro. Aunque no seas consciente de ello, acabas de iniciar un encuentro con lo que han sido tu vida, tus logros, tu presente y tu futuro. El pasado forma parte de este análisis pero solo para aprender de él.

El jardín de tu corazón está en tus manos y, cual si fuera un jardín verdadero, si lo adoptas como compañero de ruta, de ahora en adelante será tu tarea cultivarlo para que florezca a través de los hallazgos positivos de tus capacidades y potencialidades.

La vida es como un jardín; en ella hay flores bellísimas y hierbajos que hay que arrancar para que nuestros ojos puedan enriquecerse con el maravilloso espectáculo de la naturaleza.

Los seres humanos, tú y yo, tenemos una doble responsabilidad en la existencia: por un lado nos esforzamos al máximo por hacer realidad nuestros sueños a través de metas y objetivos creíbles y sostenibles, y por otro lado damos rienda suelta a nuestros sentimientos y pensamientos, porque la vida hay que vivirla de la mejor manera posible. ¿Cómo lo logramos?

Si me acompañas en esta aventura, caminaremos juntos y comprenderás que, si eres capaz de encontrar el punto exacto en el que cada cual alcanza el bienestar, el jardín de tu corazón estará a tu alcance.

Hallar ese punto específico no es fácil, pero de eso trata la búsqueda constante a la que nos abocamos en el día a día con el fin de sentirnos a gusto con lo que la vida nos ofrece.

La presentación está hecha. Solo me falta tu palabra y tu aprobación para iniciar este nuevo y apasionante viaje hacia lo más profundo de tu ser con un único objetivo: convertirnos en mejores personas a través del diseño del jardín de nuestro corazón, que cada uno de nosotros cuidará como a su tesoro más preciado.

Se trata del secreto más fascinante que existe. La vida es como un diamante que, trabajado suave y artesanalmente, puede convertirse en la joya más valiosa: un brillante con múltiples facetas. Así es tu vida, tiene variados aspectos. Depende de ti que estos estén orientados al cumplimiento de lo que piensas y sientes que debe ser tu futuro.

Construye un hermoso jardín y visítalo todos los días. Cuida de él como si fuera tu propio corazón, y tus sueños comenzarán a cobrar vida y color a medida que cultives tu persona, afirmando tus creencias y tus valores.

Si logro convencerte de que todo o casi todo es posible en la vida si uno se lo propone, te invito a compartir un rico café para ir al encuentro del punto de bienestar. Para algunas personas ese punto es fácil de hallar; pero otras deberán trabajar intensamente hasta lograr ubicarlo, y estimularlo de forma constante para no perder el equilibrio emocional y, por ende, el bienestar tras el cual han ido.

Gracias por aceptar este nuevo desafío. Degustemos el café y comencemos a trabajar ya.

Introducción

Tu vida puede ser un territorio agreste donde gastes día tras día toda tu energía o puede ser también el jardín de tu corazón, un lugar mágico para desarrollar tus habilidades personales y dar forma a todo aquello que tus pensamientos y sentimientos generan bajo la apariencia de emociones positivas.

En primera instancia, seguramente te inclinarás a pensar que la existencia es realmente una lucha constante, donde los obstáculos se encadenan para que no sea factible cumplir con aquello que te propones.

Tienes razón, pero solo en parte. Es cierto que las dificultades se presentan inesperadamente muchas veces, generando frustración y desazón para dilatar el cumplimiento de los propios sueños. Aun así, hay algo que no puedes ni debes perder: la esperanza en que, a pesar de estos factores negativos, vivir dignamente es posible.

¿De qué depende que sientas tu vida de un modo u otro? Depende en buena medida de la actitud que asumas frente al cúmulo de conflictos que se van sumando y que por distintos motivos no puedes resolver. Cuando te sientes sin la capacidad necesaria para solucionar tus problemas, la visión que adquieres de la vida toma una tonalidad grisácea y por momentos muy oscura.

Lo que debe guiarte es la búsqueda de tu punto de bienestar. Es como el fiel de una balanza. El punto donde ambos platillos encuentran el equilibrio. Ese punto no es algo que puedas conseguir pagando, y nadie te lo puede proporcionar. Debes trabajar con perseverancia para alcanzarlo, y es diferente para cada ser humano.

Cultivar un espacio de encuentro contigo mismo te permitirá tomar conciencia de la importancia de llegar a tu punto de bienestar. Te aproximará a él, dado que es en la mirada profunda a la realidad de tu vida donde encontrarás respuestas a lo que necesitas para lograr tu equilibrio emocional. Solo así avanzarás con paso firme en el quehacer cotidiano.

Al mismo tiempo, harás un alto en el camino para jerarquizar el valor de tu cavilación en este proceso de mejora continua que es diseñar y construir el jardín de tu corazón.

Encontrarte contigo mismo no solo implica enfrentarte a los hechos más destacados de tu historia personal, sino que es un importante paso para establecer los cimientos sobre los cuales has de sembrar un espacio que será tu remanso y donde podrás estar al abrigo en tiempos tormentosos.

Asimismo, tu manera de relacionarte con tu entorno tiene capital importancia porque señala el grado de autonomía e independencia que ostentas o, simultáneamente, la importancia que atribuyes a la opinión de los demás. En este proceso de abstracción que te sugiero, deberás descubrir si el jardín de tu corazón ha sido una utopía hasta el presente por tus dificultades personales o porque la influencia del entorno ha desempeñado un papel preponderante.

No es posible hacer oídos sordos a lo que piensa la mayoría. Sin duda, esas opiniones pesan y condicionan muchas veces tu actitud frente a la vida. Pero sin desechar de plano todas esas ideas, tus propios pensamientos y tus sentimientos deberán ocupar siempre un lugar privilegiado.

Recuerda que cada ser humano tiene su jardín personal, y en la construcción de los jardines de los demás tú no has sido consultado. No por egoísmo, no por altivez o porque se sientan superiores, sino por la sencilla razón de que en cada jardín privado se cultivan las flores más hermosas, las que brindan la paz que cada hombre y cada mujer necesita en este ajetreado mundo en el que vivimos.

Estás iniciando un viaje rumbo al espacio, al encuentro de las estrellas, que, con su luz titilante, te indican que quizá has tomado la inteligente decisión de crear un lugar para tu descanso mental por primera vez. No, no creas que estás fuera de una realidad tangible. Todo lo contrario; esta pequeña fuga de tu escenario habitual servirá para crear un universo donde serás el protagonista.

En este cosmos, te aislarás de los compromisos cotidianos y de todos los roles que has asumido; pero no de una manera irresponsable, sino que lo harás para salvaguardar tu integridad como persona, como ser humano merecedor de tu espacio y del respeto por ti mismo. Puedes ya visualizar y conformar el jardín de tu corazón, tal como lo imaginas.

Una vez en él, se inicia una de las tareas más difíciles pero estrictamente necesaria: la modificación de algunas de tus creencias y de algunos de tus paradigmas. Si has decidido cultivar un espacio de encuentro en tu vida, este tiene que ser la piedra fundamental de la transformación de tu existencia.

Tus creencias están profundamente arraigadas en ti, del mismo modo en que lo están en todos los individuos. Estas convicciones son los pilares que sostienen la forma de vincularte con tus semejantes. Configuran, pues, el modelo de comportamiento con el que te enfrentas a los retos de la vida cotidiana.

Al crear el jardín de tu corazón, tendrás que evaluar si esas creencias han actuado de un modo favorable en tu vida, en el sentido de si han sido el vehículo para lograr el éxito en tus propósitos o, por el contrario, con el paso del tiempo, se han convertido en un obstáculo para cumplir con tus objetivos.

De este análisis, que debe ser transparente e imparcial, surgirá de un modo espontáneo tu decisión de comenzar a trabajar en la sustitución, por lo menos, de algunas de esas afirmaciones. Te recuerdo que el universo lo creas tú y que para ello estás involucrado en un viaje rumbo a las estrellas, en una nave que tú conduces.

Nada de esto lo harás porque sí, sino para alcanzar el respeto de tu dignidad. ¿Qué significa esto? Como a vivir mal también te acostumbras, terminas aceptando situaciones que vulneran tu dignidad, por lo tanto, utilizarás este espacio de encuentro y de reflexión para evaluar el grado de satisfacción que tienes con tu vida y para darle brillo.

Una vida digna supone liberarte de culpas y pesos con los que quizá llevas cargando desde hace mucho tiempo, sin que hayas tenido el espacio necesario para pensar si es justo y, a la vez, si hacerlo te aporta algún tipo de avance.

En este jardín tendrás tiempo para reflexionar. Recurrirás a él cada vez que necesites encontrarte con lo más profundo de tu ser, y cuando las dudas o la angustia ganen a tu mente o a tu corazón, te mirarás en el espejo de tu alma para encontrar la paz y la armonía que te devuelvan el equilibrio.

Ten la certeza de que, para llevar a cabo los cambios que consideres que necesitas, deberás recurrir a las herramientas que residen en tu interior. Es allí donde están todas las respuestas que hoy buscas. Es probable que hayas evitado encontrarte con ellas por temor a verte obligado a romper con un esquema de vida y una escala de valores que ha estado engarzada en ti desde tiempo inmemorial.

Pero, por alguna razón, siempre llega un momento en la vida en que decidimos investigar nuestro pasado para así poder mejorar nuestro presente y nuestro futuro. Esa instancia tan especial es diferente para cada uno y llega también en circunstancias que no son comparables. Es por ello que no se trata de forzar ni un cambio de creencias ni una modificación de lo que hoy consideramos que son los principios y valores que guían nuestra existencia.

Se trata, sí, de no permitir que la vida pase de largo sin haber tenido el coraje y la valentía de confrontarnos con nuestra realidad, y de tener la motivación para primero diseñar y luego cultivar un jardín que se convierta en nuestro refugio en los momentos difíciles.

Aquí, el privilegio y la ventaja es que tú manejas tu tiempo. Hoy tienes este libro en tus manos. Lo estás leyendo, estás asimilando su contenido y luego, con tu libre albedrío, decidirás cuándo y cómo comenzarás a pensar en el jardín de tu corazón.

Surgirá de forma espontánea una pregunta que, en algún momento de su tránsito por la vida, todos los seres humanos se han hecho: ¿se puede ser feliz? ¿Tú qué piensas? En el desarrollo de esta obra, dialogaremos acerca de ello e intercambiaremos opiniones íntimamente ligadas a tu experiencia de vida y también a la mía.

La felicidad es un bien que todos perseguimos con afán. Uno de los tantos obstáculos que se interponen y no nos permiten alcanzarla es que equivocamos los caminos, damos una jerarquía desmedida a circunstancias que ni siquiera merecerían nuestra atención. De esa manera, nos alejamos paulatinamente de nuestro punto de bienestar y, por ende, del sentimiento de felicidad.

Lo cierto, querido amigo, querida amiga, es que al final del recorrido que haremos juntos, un mundo nuevo se abrirá ante tus ojos, para que puedas disfrutarlo plenamente y construir un espacio diario para estar en el lugar que has elegido.

Es el lugar donde encontrarás la paz, la armonía, la sinceridad con lo que vives y con lo que te sucede. Será tu bastión inexpugnable, refugio de tu alma en tiempos críticos y también un espacio de regocijo para pensar en tus logros.

Allí siempre podrás recurrir para el diálogo interno, en el marco de la privacidad que mereces y del aislamiento del mundo exterior. ¿Sabes? Tanto tú como yo tenemos un vínculo con el mundo exterior y otro con nuestro mundo interior. En realidad, el exterior es el fiel reflejo del interior.

Si no conseguimos un equilibrio emocional razonable, nuestra relación con el mundo exterior será siempre conflictiva, e invertiremos lo mejor de nuestra energía vital en crear un estado de beligerancia continuo y sin sentido, porque no nos conduce a ningún destino positivo.

El jardín de tu corazón tiene, pues, una gran virtud. Te

permite subirte a la nave que te conducirá rumbo a las estrellas, bien lejos de la realidad cotidiana, donde, al igual que el hombre en el espacio, no sentirás el peso de tus responsabilidades, y tu mente quedará en las mejores condiciones para la meditación sincera acerca de tu quehacer vital.

He tratado de presentarte el jardín de tu corazón de la forma más clara y amena posible. Solo me resta pedirte que me acompañes y que analicemos los capítulos de esta nueva obra, cuya única pretensión es brindar una herramienta más, entre otras, para vivir mejor.

Muchas gracias por tu apoyo y comprensión.

PRIMERA PARTE

EL PUNTO DE BIENESTAR

Es ese punto mágico donde cada uno encuentra
la paz interior.
Suele ser intenso, y hallarlo exige paciencia y ser
perseverante en la búsqueda.
Una vez que reposes en él, regresarás allí cada vez
que lo necesites.
¡Emplea tu energía en descubrir el tuyo!
¡Tu vida cambiará para siempre!

1

¿Qué significa un espacio de encuentro?

Reflexionar es revisar tu pensamiento.
De ello surgirán conclusiones y decisiones. Ellas marcarán
un nuevo rumbo en tu vida.
Transita por él sin temor y disfruta de lo que encuentres a tu paso.
La existencia se nutre de las experiencias que vas atesorando
en el transcurso de los días.
Repasa los episodios positivos de tu pasado y toma el impulso
necesario para dar el salto definitivo hacia la búsqueda
de tu punto de bienestar.
¡Bienvenido al mundo de los que anhelamos generar un espacio
de encuentro para poder construir allí el jardín de nuestro corazón!

La reflexión es el ejercicio de nuestra mente. Este ejercicio
—saludable— está destinado a encontrar las respuestas que
necesitamos para dar forma y color a lo que pensamos y sentimos respecto a lo que nos sucede en el devenir de nuestra
existencia. La vida de cada ser humano merece una introspección profunda acerca de cómo se posiciona en los distintos escenarios en los que es el protagonista principal.

¿Cuándo y dónde llevar a cabo este análisis? Tienes la
misión de descubrir ese momento y ese lugar, dado que es

totalmente diferente para cada hombre y cada mujer. La búsqueda y el hallazgo de tu espacio de encuentro te serán revelados a través de un sentimiento que te guiará hacia ese punto, algo así como un deseo irrefrenable que te proveerá de la voluntad necesaria para poner la piedra fundamental del jardín de tu corazón.

Sí, la piedra fundamental será el inicio de una nueva etapa en tu vida. Entonces revisarás con detalle los acontecimientos que han pautado tu historia personal y a continuación establecerás el comienzo de un nuevo proceso de crecimiento. Este tenderá a descubrir herramientas que sean el soporte del espacio que crearás y en el que buscarás refugio en los momentos que sientas que no estás conforme con lo que la vida te está otorgando.

Así será el jardín de tu corazón: un lugar imaginario y a la vez real. Un lugar donde estarás aislado del mundo exterior y podrás dar rienda suelta a tus pensamientos, tus emociones, tus alegrías y tus tristezas. Será un espacio estrictamente personal, sin que ello pueda ser interpretado como una actitud egoísta.

En el mundo globalizado en el que vivimos, y con la intensidad con que desarrollamos nuestras actividades, tener un jardín que ampare nuestros sueños es cada vez más imperioso y necesario. Seguirás interactuando con las personas de tu familia, de tu trabajo, con tus amigos, pero sabrás que te espera un lugar privado, un lugar en el que solo podrán entrar aquellos a los que les des permiso.

EL COMIENZO DEL ENCUENTRO CONTIGO MISMO

¿Te das cuenta de qué manera tan particular comienza el encuentro contigo mismo? Sí, te lo quiero transmitir porque para mí también fue imprescindible crear ese espacio de encuentro, para poder detenerme y pensar con libertad en qué era lo que quería para mí de ahí en adelante.

Desde el momento en que puse esa piedra fundamental, mi vida cambió radicalmente, porque más allá de seguir cumpliendo con mis obligaciones cotidianas, mi ser interior sabía que tenía un remanso donde reír o llorar si era necesario, sin vergüenza y sin tener que rendir cuentas a nadie.

¿Es eso individualismo? ¿Acaso soberbia? Quizá tú mismo te lo estés preguntando ahora. Por lo pronto te digo rotundamente que no es así. Solo se trata de ejercer nuestro derecho a reflexionar acerca de nuestra vida, cuyo título de propiedad poseemos, y definir con claridad el rumbo que deseamos tomar.

Ser solidario, sí; tender una mano a quien lo necesita, también. Eso habla bien de la condición humana. Pero es cierto que cada uno de nosotros necesita construir un jardín donde las flores, con su aroma y su color, aporten el sosiego que todos necesitamos para pensar y profundizar en el diálogo con nosotros mismos.

Es una idea innovadora, una idea que traduce la jerarquía y la importancia que tenemos como hombres y mujeres al liderar nuestra existencia, pues se nos ha dado la responsabilidad de manejar nuestro destino.

¿Hasta dónde puedo llegar?, te preguntarás. Nadie tiene la respuesta exacta, pues nadie es dueño de la verdad. Lo cierto es que la vida es movimiento, acción, dinamismo, y eso es lo que te propongo. Un jardín que no solo albergue tus sueños sino que sea un lugar en tu corazón donde te sientas una persona emprendedora y eficiente, que cree en sí misma y en sus sueños.

El encuentro con uno mismo tiene el beneficio del discernimiento íntimo de hasta dónde podemos llegar. Ahora, yo te pregunto: ¿cómo puedes saber hasta dónde puedes o quieres ir, si nunca te lo has planteado?, ¿cómo puedes determinar tu destino, si ni siquiera sabes a ciencia cierta lo que deseas para tu vida? No... no te pongas triste. La intención es movilizar tus sentimientos para pasar a la acción y abandonar la inercia en la que quizá hayas caído sin advertirlo siquiera.

¡Tienes que poner fin a la rutina cotidiana! Tal vez puedo reconocer en la distancia cuál es la tuya, seguramente muy parecida a la mía y a la de la mayoría de las personas. Nos levantamos, realizamos nuestra higiene personal, salimos a trabajar y eso nos ocupa la mayor parte del día, y de regreso, cansados de la jornada, miramos la televisión o, en el mejor de los casos, hacemos algo de ejercicio físico y nos acostamos a la espera de una rutina similar al día siguiente.

Durante el fin de semana hay algunas diferencias, en general vinculadas al ocio elegido, pero en la sumatoria de los siete días existe un automatismo que quiero que modifiques en pos de tu bienestar. Haz una lista de tus actividades cotidianas e inserta en ellas un tiempo para ti. Intenta cumplir siempre con ese tiempo breve o fugaz que te sugiero.

EL VIENTO NO TE DOBLEGARÁ

Algunos minutos serán suficientes, si son continuados, para obtener la sensación de que estás dominando tu existencia y que el viento no te doblegará, porque sabes lo que quieres y luchas por ello. Ese jardín se convertirá, con el paso del tiempo, en tu lugar preferido, y encontrarás cada vez un lapso mayor para estar en él y disfrutarlo con plenitud.

Pienso que seguramente ya has recapacitado muchas veces como consecuencia de las vivencias que conforman la historia de tu vida. Pero a partir de ahora mi propuesta es que esos mismos pensamientos tengan un marco adecuado, y, como somos parte inseparable de la naturaleza, este oasis será el punto exacto para dar rienda suelta a lo que sientes respecto a todo lo que te rodea.

Sin que te des cuenta, el proceso de pensar y de tomar decisiones funciona casi automáticamente, como consecuencia de los mecanismos a los que recurrimos con la mente. Sin embargo, ahora pretendo que, de forma independiente a esos procesos de los que ni siquiera eres consciente —aunque sean útiles—, conformes un espacio ideal para el encuentro con lo mejor de tu persona.

Imagina que llegas a tu casa y te dispones a tomar un baño reparador tras una jornada de trabajo; después te sientas a trabajar en el escritorio o enciendes el televisor para mirar el programa que más te gusta. Tú estás decidiendo lo que quieres hacer y disfrutas de ello.

Con el jardín de tu corazón sucede lo mismo. Te estarás ofreciendo un espacio privado, un lugar rodeado de las flores que tienen el aroma que a ti te gusta y cuyo objetivo fundamental es que te sientas cómodo. Si logras esa primera etapa, el resto llegará a continuación.

El vértigo en el que vivimos nos obliga a pensar y repensar cada una de nuestras decisiones por una sencilla razón, y es que lo que hoy es cierto y tomamos como una afirmación, quizá en breve ya no lo sea, lo que nos obliga a flexibilizar nuestras reflexiones y a desarrollar una capacidad de adaptación significativa para poder hacer frente a los desafíos que se nos presentan cada día.

Por ello, «entrenarse» en el encuentro con uno mismo ya no es solo una posibilidad, sino una necesidad para poder navegar en este bravío mar en el que estamos inmersos y que nos somete a fuertes temporales cada tanto. Si adquieres la destreza de deliberar en tu interior siempre que tengas que solucionar los problemas que se presenten en tu vida, te resultará más fácil entender por qué el jardín de tu corazón es una innovación que vale la pena que incorpores.

El libre albedrío es una cualidad inherente a los seres humanos; por consiguiente, tienes derecho a diseñar tu encuentro personal del modo que consideres mejor. Pero aun respetando esa potestad, te sugiero, en función de la complejidad del tiempo en que vivimos, que comiences a establecer una manera diferente de hacerlo, para que los cambios no te pillen desprevenido.

Hay situaciones en la vida que podemos prever o anticipar. Sin embargo, hay otras que aparecen de forma inesperada y no tenemos el tiempo suficiente para tomar decisiones adecuadas y así neutralizar su impacto.

Es muy probable que esto te suceda continuamente. Te sugiero que establezcas cuanto antes una manera eficiente de manejar tus pensamientos y tus emociones. Los resultados serán mejores y tú te sentirás más aliviado.

Si retornamos al concepto de «entrenamiento» respecto al de «reflexión», podríamos equiparar el significado de ambas palabras. ¿Qué hace, por ejemplo, un submarinista cuando se prepara para una competición? Se entrena y se sumerge en el agua a diario, incluso más de una vez al día, para estar en forma.

Aquí se da una situación similar. Entrenarse en el diálogo interno significa dedicar unos minutos diarios a pensar en tu vida, en lo que te aporta satisfacción y en lo que no. De ese modo, paso a paso, irás construyendo las decisiones que darán a tu existencia un perfil diferente.

He oído a menudo la afirmación: «Tengo un vacío en la cabeza». Esta afirmación no es válida, porque todo ser humano guarda dentro de sí mismo la capacidad para repasar lo que vive y tomar decisiones correctas en el momento justo; en cambio, pueden existir diferencias en aquellas personas que poseen mayor soltura para decidir con rapidez, como consecuencia de haber vivido situaciones que les permitieron aprender de su experiencia y han logrado ese adiestramiento.

MEJORA TU RESILIENCIA

Si no te encuentras en este grupo selecto de individuos, también puedes entrenarte en este «deporte» de la reflexión, que te ayudará a conocerte y a fortalecer significativamente el vínculo que tienes con tu ser interior. Hay muchos ejercicios que son beneficiosos para la salud. Pero educarse en la introspección tiene como objetivo fundamental incrementar la resistencia de tu cuerpo emocional, mejorar tu resiliencia, lo que a su vez optimizará con creces tu potencia física.

Tenemos una tendencia natural a cuidar de diversas maneras nuestro organismo. Consultamos al médico de cabecera, realizamos las pruebas que nos indican y atendemos los consejos que nos dan. No sucede lo mismo con nuestras emociones. Las de signo negativo y la ausencia de un proceso de actualización continuo determinan el desbordamiento de ese espacio emocional, con la consiguiente angustia y frustración por no ser capaces de controlar nuestros sentimientos y pensamientos.

Generemos ahora una estrategia para poner en práctica los primeros conceptos vertidos en este capítulo. Para ello, toma tu agenda y mira cuidadosamente qué plan tienes definido para mañana. Mira si figuras en alguna de las horas útiles de ese día. Si es así, felicidades, estás en un camino de superación, pues has tomado conciencia de que tú también eres importante.

Si no lo estás, todavía tienes tiempo para encontrar un espacio breve para ti. Te enumeraré de forma sucinta algunos de los puntos en los cuales puedes profundizar y dar comienzo a tu rutina diaria de ejercicio emocional.

- El grado de satisfacción con tu vida.
- La existencia o no de un sentido para tu vida.
- Tus vínculos afectivos, ya sean de pareja o con las personas que quieres.
- Tus relaciones laborales.

- Tu situación económica.
- Si tienes hijos, ¿cómo te relacionas con ellos?
- ¿Qué piensas acerca de tu envejecimiento?
- El cuidado de tu salud integral.
- ¿Cómo te posicionas en este mundo globalizado?
- ¿Qué piensas de tu vida hasta el presente?
- ¿Qué quieres para tu vida en el futuro?
- ¿Qué has hecho al respecto hasta hoy?

Como imaginarás, abordar todos estos temas en el primer ejercicio de encuentro íntimo sería una tarea imposible por una sencilla razón de tiempo. Analizaremos paso a paso estos aspectos, de modo que en un determinado período nos hayamos aproximado, aunque sea brevemente, a cada uno de ellos, además de los que tú quieras añadir y que sean importantes para incrementar tu bienestar.

Tengo la certeza de que el jardín de tu corazón no solo cobrará vida sino que será el lugar más importante para poder desplegar tu mente —tu compañera incondicional, algo que debes tener siempre presente— con libertad y sin ataduras de ningún tipo.

A través de ella podrás dar a los hechos de tu vida la dimensión que merecen, pero también otorgarles una importancia desproporcionada, lo que hará que tengas una visión distorsionada de tu realidad. Encontrar el punto de equilibrio, desde el cual la perspectiva de lo que te sucede sea la correcta, requiere del adiestramiento necesario y de una gran sabiduría, para dar jerarquía a aquellos sucesos que sí lo merecen y desechar todo lo que puede hacerte daño y que está en tus manos alejar de tu ser.

Encontrar ese punto requiere ante todo de la voluntad de querer hallarlo, ser perseverante y no decaer ante los primeros posibles fracasos. Debes ir tras él, y más allá de las oscilaciones naturales a las que la vida te somete, te aferrarás tanto al punto de equilibrio como al jardín de tu corazón, de forma simultánea.

Es imprescindible mantenerte alineado

Hay circunstancias en la vida que, hasta que no las experimentas personalmente, no logras aquilatar ni la importancia ni el impacto que provocan en la dimensión del tiempo de tu existencia. Una de ellas es ignorar que existe un nivel de equilibrio, y otra es que la construcción de este jardín se vuelve imprescindible para poder mantenerte alineado y soportar las presiones que intentan justamente que pierdas la serenidad; el sosiego es el complemento necesario para poder cumplir con tus propósitos.

Si estás listo, comencemos entonces a profundizar en los puntos señalados, que te darán una visión global de la forma en que estás viviendo, así como de tu sentimiento presente y de cómo percibes el futuro inmediato de tu vida.

El grado de satisfacción con tu vida

Es imprescindible que en la evaluación acerca de tu deambular existencial observes con objetividad el nivel de aceptación que tienes respecto a lo que experimentas a diario. Cuando un ser humano está en beligerancia permanente con sus sentimientos y con sus acciones, no solo no le es posible avanzar, sino que cada pensamiento, cada acción y cada actitud lo hacen retroceder, aumentando de ese modo su insatisfacción de forma significativa.

Una vez que aceptes tu realidad, estarás en las condiciones más adecuadas para establecer aquellos cambios que sientas que son necesarios para mejorar el nivel de complacencia que requieres. Esto solo se puede realizar mediante un proceso de encuentro, precisamente el que te estoy invitando a iniciar.

Puedes hacerlo solo, o también solicitar ayuda para abordar los aspectos más sensibles e intrincados de tu intimidad, con el objetivo de que se te haga menos molesto el hecho de enfrontarte con tu pasado. La persona a la que recurras no te invadirá, sino que, de forma objetiva e imparcial, te dará su opinión respecto a lo que tú expongas.

Este primer punto es crucial. En efecto, a partir del grado de cómo te sientes en el día a día, te encontrarás en las mejores condiciones de construir un camino diferente, que haga del jardín de tu corazón ese lugar tan particular, donde buscarás la calidez y la protección que mereces, cada vez que las dudas te asalten respecto a qué debes hacer o cómo actuar.

La existencia o no de un sentido para tu vida

La respuesta a esta afirmación —o pregunta— es de capital importancia, ya que el sentido de tu vida está íntimamente ligado a la existencia de una estrategia personal que abarque lo que deseas, unido a cómo piensas lograrlo.

Al no conocerte personalmente, no puedo saber si tienes o no tal estrategia, pero si careces de ella te sugiero que desde ahora mismo comiences a elaborar un plan que satisfaga aquello que quieras que te suceda, y a la vez señales aquello que no deseas en el futuro.

Solemos sorprendernos cuando advertimos, en medio de la vorágine de nuestros compromisos, que a pesar de cumplir cuidadosamente con todos ellos no tenemos una brújula que nos indique el Norte y nos guíe hacia el destino elegido; solo cubrimos las necesidades básicas y de confort, en el mejor de los casos.

La estrategia surgirá de pensar cuál es tu posicionamiento en el escenario en el que se desarrolla tu acción cotidiana y será un poderoso estímulo para que puedas visualizar el futuro con un pensamiento positivo y esperanzador.

Tus vínculos afectivos, ya sean de pareja o con las personas que quieres

Esta cuestión es de gran alcance, pues una buena parte de los conflictos internos que puedas tener nacen de las relaciones amorosas, o con aquellas personas con las que interactúas a diario. Aquí es importante que evalúes el nivel de autoestima que tienes y cuáles pueden haber sido las circunstancias que potencialmente la hayan dañado.

Si eres muy débil frente al juicio de los demás, serás manipulado con facilidad, por lo que debes estar atento y actuar rápidamente para valorar lo que tú piensas y sientes, más allá de que hagas caso de las opiniones de quienes te rodean, extrayendo de ellas aquello que concuerde con tus principios y valores.

Siempre debes poner en primer lugar lo que entiendes que es importante para ti, a efectos de acercarte a tu equilibrio interior, a tu armonía y a la paz que todo ser humano necesita para crecer y expandirse en el curso de su existencia.

Tus relaciones laborales

El trabajo ocupa un segmento importante de tu tiempo, como es habitual en la mayoría de las personas. En esas horas normalmente estás en contacto con compañeros que, sin lugar a dudas, influyen en tu conducta y en tu actitud. La reflexión que debes hacer es si ese influjo significa un elemento positivo para ti, o te genera un estrés que no puedes controlar.

También es fundamental que analices si el trabajo que llevas a cabo es de tu agrado o simplemente es una fuente de ingresos para tu supervivencia. Esto cobra una dimensión sustancial, porque no es lo mismo realizar una tarea en la que te sientes cómodo y la haces con un deseo de superación, o si el hecho de pensar en tu actividad diaria te genera una angustia y un desasosiego que no puedes dominar.

Lo ideal sería que trabajaras en lo que te gusta. Si no es así, debes comenzar a pensar en la forma de lograr tu independencia y reinsertarte en un lugar donde la tarea por desarrollar te genere satisfacción y el deseo de crecer en el marco de la organización a la que pertenezcas. También es cierto que entre lo ideal y lo real hay un trecho que a veces es difícil recorrer.

Doy por sentado que si tienes una profesión o un oficio será porque esa ha sido tu vocación y que disfrutas plenamente de lo que haces. De todos modos y en cualquier época de la vida, es fructífero detenerse a pensar acerca del trabajo y de las relaciones laborales, porque siempre se puede volver a empezar, sobre todo si eres consciente de tus capacidades y fortalezas.

Tu situación económica

Seamos claros. La situación económica no es la garantía del bienestar de un ser humano, pero tener cubiertas las necesidades básicas y un poco más es la base necesaria para poder desarrollarse en otras áreas. Hoy no resulta sencillo mantenerse, y si vives esa realidad lo primero que debes hacer es buscar la forma de lograrlo.

En un mundo como el que vivimos, donde todo, absolutamente todo, gira en torno al dinero y a la capacidad económica, y dado que el acceso a la cultura, al confort, a la salud y a otros ámbitos básicos para el ser humano se sustentan en ella, el crecimiento espiritual será posible en la medida en que tengas una mínima seguridad en cuanto a tu presente y a tu futuro.

Se suele afirmar que lo económico no es lo único, y estoy totalmente de acuerdo. Pero minimizar la importancia de una situación que te permita descansar con tranquilidad es dar la espalda a una realidad que se impone en el mundo moderno. Solo con buenas ideas, con buenos sentimientos y con buenas acciones no podrás hacer frente a las obligaciones habituales que tienes y que debes resolver.

Por lo tanto, céntrate en esta cuestión, y si tienes problemas, aborda ya el tema y no pienses que con el paso del tiempo todo mejorará. Habrá avances en la medida en que tú intervengas y vayas al encuentro de tus circunstancias, para descubrir dónde y cómo tienes que instrumentar los cambios.

Si tienes hijos, ¿cómo te relacionas con ellos?

Las relaciones entre padres e hijos podrían ocupar un capítulo entero de este libro, pero no es esa la intención. Sin embargo, sí se trata de hacer un análisis profundo acerca de cómo estás manejando este vínculo tan importante. Las brechas generacionales son cada vez más manifiestas, y la capacidad de adaptación y de flexibilidad que tanto padres como hijos tienen que tener se vuelve cada vez más necesaria para mantener una armonía que permita, a cada una de las partes, llevar adelante su proyecto de vida.

Sin duda, la adolescencia es una de las etapas más difíciles en relación con la convivencia. Pero piensa por un instante que tú también has sido adolescente y trata de comprender los cambios que ha habido en el mundo y en la vida de los seres humanos.

No quiero decirte con esto que debes ser complaciente. Todo lo contrario: hay valores y comportamientos que no tendrían que haber cambiado con el paso del tiempo, y eso hay que defenderlo como uno de los pilares de la educación de los hijos.

A medida que los años se suceden, en términos generales los vínculos tienden a mejorar, salvo que existan rencores u

ofensas que hayan generado una ira o un enfado irreconcilia-
bles. No nos damos cuenta de que la vida es mucho más corta
de lo que pensamos y de lo que queremos, por lo que debemos dejar de lado rencillas del pasado que hoy no tienen razón de ser y que no pueden ser objeto de distanciamientos
absurdos.

Quizá la clave esté en aceptar al otro tal cual es y no intentar enmarcarlo dentro del concepto que tú puedes tener acerca de cómo debería ser y cómo debería actuar. Yo soy de los
que piensan que a los jóvenes hay que mostrarles el camino,
no para obligarlos a recorrerlo, sino para advertirles de que
los que tenemos más años ya hemos pasado por allí y nos hemos caído muchas veces.

La sabiduría que dan los años vividos tiene que ser un
estímulo y un incentivo para que los hijos vean reflejados, en
el relato de sus mayores, la voz de la experiencia y del consejo
sano para su futuro.

En el acierto o en el error, estarás de acuerdo conmigo en
que los consejos que tú puedes dar a tus hijos siempre estarán
marcados por el deseo de que les vaya bien en la vida y la voluntad de aportarles más de lo que probablemente tú hayas
recibido cuando eras joven.

¿Qué piensas acerca de tu envejecimiento?

El envejecimiento es un proceso biológico natural que afecta
a todos los seres vivos, entre ellos, los seres humanos. La vida
es como una excursión con muchas ciudades por visitar. A
medida que el tiempo transcurre, el proceso se va dando y es

menester que lo tengas en cuenta y que sepas, además, que en buena medida, la forma en que llegarás a cada etapa depende de tu estilo de vida.

Ahora bien, ¿alguna vez has pensado seriamente acerca del estilo de vida, no en términos generales, sino vinculado a tu persona? Hay una diferencia sustancial entre pensar en el paso del tiempo de un modo abstracto y hacerlo en referencia a tu propia vida.

Trataré de ser más claro para que me entiendas. Es imposible no envejecer, pero si bien la genética desempeña un papel crucial, la forma en que vives, la manera en que manejas el estrés de la vida cotidiana, las crisis personales por las que atraviesas son todos elementos que inciden directamente sobre el modo en que se presentará esta etapa de la vida a la que tantas personas temen.

En lugar de dejar que el miedo te gane la partida, tienes que actuar. Debes deliberar con tiempo, con tranquilidad y con mesura, sabiendo que en algún momento llegarás al otoño de tu vida, y harás todo lo posible para lograrlo de la mejor manera, a pesar de los obstáculos y las interferencias que todos tenemos. Pero la vida es tuya y debes cuidarla y preservarla.

¿Qué debes cuidar y qué debes preservar?

Lo prioritario es que mantengas tu capacidad intelectual intacta, y que la autonomía de pensamiento y de acción estén bajo tu control. Inevitablemente, algunos problemas físicos se presentan con el paso del tiempo; pero ello no tiene que ser un impedimento para que desarrolles una vida normal. Ten en cuenta que es un privilegio llegar a la vejez y disfrutar del recorrido de tu existencia, abrazando cada una de las etapas que has ido sorteando.

Agradece una y otra vez el regalo que es la vida y comprenderás por qué te sugiero todo esto. Valora lo que tienes y vive con intensidad; pero cuida tu salud física y emocional. De ese modo el paso de los años será prácticamente imperceptible.

El cuidado de tu salud integral

La salud es el completo estado de bienestar físico, psíquico y social, y no meramente la ausencia de enfermedad. Esta es la definición que hace de ella la Organización Mundial de la Salud. Por supuesto, más allá de un objetivo saludable al cual todos aspiramos, estamos en realidad muy lejos todavía de lograr ese equilibrio perfecto.

Cuando me refiero al cuidado integral de tu salud, estoy diciendo que vigiles tus emociones y tu cuerpo físico de forma paralela y constante. Cuerpo y emociones van unidos, y si tus emociones son negativas, ellas repercutirán del mismo modo en tu cuerpo, perturbando en primer lugar la función de órganos y sistemas y, de no controlar esta situación, pueden llegar a presentarse alteraciones permanentes.

Medita, porque de eso se trata cuando estamos hablando de tu salud, porque es el capital más importante que posees y que se convierte en la base de todos tus proyectos.

No esperes a perder ese bienestar para comenzar a ocuparte del cuidado de la salud. Anticípate a los efectos del estrés de la vida cotidiana y de los problemas que afrontas por el solo hecho de vivir.

Cada día que añades a tu vida es un día ganado y no debes

desaprovecharlo. Invierte tu esfuerzo en ser cada vez mejor y generar ideas que impliquen la mejoría de tu salud de forma integral. Ganarás en armonía, paz interior y sensatez frente a los desafíos de la existencia.

¿Cómo te posicionas en este mundo globalizado?

El mundo ha cambiado y quienes lo integramos también nos hemos visto obligados a modificar nuestro posicionamiento en un escenario donde todo se ha globalizado; los avances, tanto tecnológicos como científicos, se dan a pasos agigantados. No resulta sencillo acompañar este progreso y a la vez estar permanentemente actualizado frente a cada nuevo desafío que se nos plantea.

De todos modos, no nos queda otra alternativa que adaptarnos a ese cambio que cada día se presenta con más fuerza y que nos impulsa a aprender, a progresar y estar a la altura de las exigencias más extremas a las que se nos expone. Ya no es una libre elección. No hacerlo significaría retroceder, mientras una enorme cantidad de personas avanzan y se perfeccionan en diferentes ámbitos del quehacer humano.

Quiero que compartas la importancia de lo que antecede, porque no es mañana sino hoy cuando debes empezar a mejorar para alcanzar la excelencia y adoptarla como un nuevo estilo de vida. No hay espacio para las quejas; genera un lugar para las ideas nuevas, para aguzar el ingenio y crear caminos alternativos que te conduzcan no solo al encuentro de lo mejor de tu persona sino al cumplimiento de tus metas sin más dilaciones.

En este enorme mundo donde vivimos, nadie nos preguntó si estamos de acuerdo con este proceso de globalización, sino que simplemente se gestó y avanzó de forma acelerada. Piensa en lo que es hoy la informática y la posibilidad de comunicación instantánea que tenemos a través de la maravilla que la tecnología nos ofrece.

Y así en muchísimos otros ámbitos, el mundo ha avanzado a pesar de que no hemos podido resolver las diferencias humanas que destruyen lo más valioso de la Creación, que es la vida.

Pero como en tantas otras cuestiones, nos sentimos impotentes a la hora de cambiar el pensamiento de aquellas mentes que conducen a los enfrentamientos y a la destrucción.

En consecuencia, lo que tienes por delante es la tarea de posicionarte de la mejor forma en un mundo que no espera y que no permite que las oportunidades se den a menudo; haz el esfuerzo por estar en el lugar y en el momento justos para tomar las decisiones correctas.

Claro está que la propuesta no es sencilla, pero es real. Es el contexto en el que estamos viviendo y que no podemos soslayar. Darle la espalda sería quedar aislado de los avances y de los cambios que —aunque no conducen siempre al bienestar del ser humano— se producen; nuestra tarea es extraer aquellos que nos benefician y sustentan nuestro desarrollo personal.

Si te sientes estancado, paralizado por los distintos conflictos que te aquejan, no pierdas más tiempo tratando de resolverlos todos a la vez. Alza tu mirada e intenta ver que el mundo es mucho más de lo que nuestros ojos nos permiten visualizar, y en consecuencia, aun con problemas no resueltos, da los primeros pasos que te señalen que estás avanzando.

Te sentirás mucho mejor y cada pequeño triunfo será un aliciente para avanzar un nuevo trecho hasta llegar al objetivo final.

¿Qué piensas de tu vida hasta el presente?

Aquí comienza el balance existencial que todo ser humano debe hacer en algún momento de su vida. Yo te invito a que lo hagas ahora que tienes este libro en las manos. ¡Ten cuidado! No se trata de un ejercicio de autoflagelación, sino de que hagas un análisis, lo más objetivo e imparcial posible, de cómo ha sido tu desempeño en la vida hasta ahora y qué conclusiones puedes sacar de ello.

Dicho de otro modo, ¿estás conforme o no con lo que has hecho hasta el presente? Es muy probable que la respuesta sea «en algunos aspectos sí y en otros no». Pues bien, partamos entonces de esa base y veamos qué porcentaje corresponde a tus aciertos y qué a tus errores, y analicemos el resultado final. La idea es hacer un recorrido hacia el pasado, con el único fin de corregir algunas conductas que pueden haber resultado negativas.

Te recuerdo brevemente que la vida tiene tres tiempos bien definidos y que las realizaciones personales se dan en el presente y en el futuro. Pero sin una base firme que te permita aprender de tu pasado y de tus actos, resulta bastante complicado avanzar sin repetir fallos que solo te provocan sensación de fracaso y de frustración.

El jardín de tu corazón, espacio de encuentro contigo mismo, será el lugar más hermoso para que puedas mirar hacia atrás con serenidad y recordar que lo vivido, tanto lo bueno como lo malo, son las condecoraciones que la vida te ha otorgado por haber tenido la valentía de enfrentarte a situaciones para las cuales muy probablemente no estabas preparado.

No seas en exceso benévolo contigo mismo, pero tampoco demasiado exigente. En los errores y en las debilidades se revelan la grandeza y la humildad de los seres humanos y tú eres uno de ellos, como lo somos todos. Nadie es perfecto y de este encuentro con tu persona saldrás fortalecido en todos los aspectos para definir con meridiana claridad lo que necesitas para tu futuro.

¿Qué quieres para tu vida en el futuro?

Esta es una pregunta de capital importancia, ya que tu respuesta marcará el camino que has de recorrer de aquí en adelante. Quizá sea más sencillo responder a qué es lo que no quieres para tu vida. Pero tómate el tiempo necesario para pensar y hazlo teniendo en cuenta que la decisión que tomes será aplicable en lo sucesivo. A partir del momento en que logres aproximarte a saber lo que quieres para tu vida, esta dará un vuelco trascendente.

Encontrar el sentido de la existencia es el hallazgo culminante de una búsqueda constante en pos de la verdad, la que guiará tus éxitos y también tus dificultades en el futuro. La diferencia está en que al saber adónde quieres llegar, los obstáculos no serán más que eso: desafíos que tendrás que superar para llegar a la meta deseada.

Saber lo que quieres es como haber encontrado una brújula; esta te indicará el norte de forma constante y solo tendrás que guiarte por ella y actuar, teniendo cada vez más claro el trayecto por recorrer. La fuerza de la motivación crecerá sorprendentemente, y habrás descubierto tu potencial y tu capacidad para conseguir lo que deseas con fervor y con pasión.

Déjate llevar por tu lógica y por tu intuición, en una combinación que te permita acercarte a ti mismo en un diálogo fecundo con lo más profundo de tu ser. Tu vida ya no será la misma de antes. Ahora has tomado una decisión y nada ni nadie podrá detenerte. Siempre que tus actos no afecten a los intereses o sensibilidades ajenos, podrás ir tras tus sueños con la convicción de que estos se harán realidad.

¿Qué has hecho al respecto hasta hoy?

Al interrogarte acerca de lo que has hecho hasta el día de hoy con referencia a todos los puntos anteriores, pretendo que revises tu actitud frente a la vida y evalúes tus aciertos y tus errores. Seguramente habrá en ese balance algunas sonrisas y también algunas lágrimas, que has de derramar. Pero no importa, lo que sí debe ser prioritario para ti es que has trazado una línea divisoria entre el pasado, el presente y el futuro.

Ahora tienes el hilo conductor de lo que significa reflexionar, de lo que supone cultivar un encuentro contigo mismo en el jardín de tu corazón, un espacio único y acogedor que será tu refugio constante y al cual acudirás cada vez que te halles ante una encrucijada en tu existencia.

Estoy seguro de que, aunque tú no lo percibas, has hecho mucho respecto a todos los puntos que hemos desarrollado en este primer capítulo. Los seres humanos solemos actuar sin darnos cuenta de que lo estamos haciendo con esfuerzo y con perseverancia y en un mundo que no es benévolo. Es lo que tú has hecho a través del tiempo.

Mi objetivo es ayudarte a ordenar tu esfuerzo para que logres mejores resultados a corto plazo, dejando de lado aquello que puede esperar y que no es imprescindible que ocupe tu atención, centrándote en lo que puede ser de tu interés para conseguir lo que quieres para tu vida y de la mejor forma.

No existen recetas mágicas ni universales para acceder al bienestar que todo ser humano merece, pero sí hay conductas y actitudes que están absolutamente reñidas con la felicidad y que todos adoptamos con la creencia de que estamos atenuando nuestras angustias frente a los fracasos a los que nos vemos expuestos en la lucha por una supervivencia digna.

Desde mi experiencia como ser humano y como médico, te digo que ninguno de estos caminos ayuda a reparar las heridas que tenemos como consecuencia de lo que nos toca vivir. Lo único que hacen es disminuir de forma significativa nuestra capacidad de superar las dificultades que naturalmente se presentan por el solo hecho de estar vivos.

VIVIR ES UNA AVENTURA APASIONANTE

Exacto, vivir es una aventura apasionante, con su luz y con sus períodos de oscuridad. Tu trabajo consiste en que la luz ocupe la mayor parte de tu vida y que ilumine el camino del encuentro con lo mejor de tu persona y de tus decisiones. En los ciclos de la naturaleza, la luz aparece a continuación de la oscuridad.

Así somos también los seres humanos: la luz en nuestra vida tiene que aparecer inmediatamente después de los períodos de oscuridad, que pueden y deben ser cada vez más breves, como consecuencia de nuestros actos.

¿Te das cuenta de que deseo que seas el guardián celoso de tus sentimientos y de tus pensamientos? ¿Dónde? En el jardín de tu corazón hallarás un pequeño cofre cuya combinación guardas en lo más profundo de tu ser. Allí depositarás las emociones que emergen como consecuencia de los pensamientos y sentimientos que tienes respecto de tu vida.

De ti depende que sean positivos y se conviertan en el estímulo más fuerte para concretar tus propósitos.

Hay algo que quiero compartir contigo: la propuesta de este nuevo viaje en el que me acompañas no puede delegarse en nadie más que en ti mismo. Cada ser humano guarda en su cofre sus emociones más profundas y sus sentimientos, que son la consecuencia de lo que experimenta cada día de su vida.

Lo sustancial es lo que hacemos con esos sentimientos que surgen cuando nos tomamos un tiempo para pensar en nuestra existencia y en los resultados que obtenemos de nuestra trayectoria.

Hay muchos modos de valorar lo que vivimos. Lo más destacado es acceder al sentimiento de la solidaridad humana, el de haber extendido la mano a quien la necesita, y ese es el capital más importante que puedes tener. Lo demás hoy está y mañana quizá no.

Vamos tras lo material porque «el mundo así lo pide» para cubrir nuestras necesidades básicas, y algo más también. Pero esa no es la esencia del ser humano. El hombre y la mujer están diseñados para alcanzar logros mucho más altos que simplemente acumular bienes materiales, que no son ni por asomo una garantía del bienestar y mucho menos de la felicidad.

La vida se encarga de demostrárnoslo cada día. Sin embargo se diría que no aprendemos de lo que les sucede a los demás, y necesitamos experimentarlo en carne propia y así tomar conciencia de que la existencia abre abanicos múltiples para que nos desarrollemos; ese es el período de tiempo que se nos otorga para que lo utilicemos de la mejor manera posible.

En otros libros he abordado diversos temas que tienen que ver con la conducta humana, buscando un común denominador que nos haga pensar acerca de aquello que hace que el hombre trascienda y pueda legar algo tangible a las generaciones futuras. Si lo he conseguido, puedo considerarme satisfecho.

He convivido con la vida y con la muerte en el ejercicio de mi profesión y he visto cómo, con desesperación y sin distinción de clase social o de religión, el ser humano se aferra a la vida en momentos críticos o cuando la muerte asoma.

Ante la muerte no existen las diferencias. Todos somos iguales y poco importan el dinero y los trajes buenos. Allí estamos desnudos ante el Creador, peleando por mantenernos con vida y prometiendo que cambiaremos y que haremos todo lo posible por ser solidarios. Pocos lo hacen, porque cuando volvemos a la vida nuevamente creemos que será para siempre y repetimos conductas egoístas que nos aíslan de quienes más nos necesitan.

Estos son solo algunos pensamientos que acuden a mi mente mientras mis dedos se deslizan por el teclado del ordenador, fiel compañero que me ha asistido en la escritura de todos mis libros, con su silencio pero con la complicidad necesaria para volcar lo que siento y compartirlo contigo.

LOGRAR UN SER HUMANO MÁS COMPRENSIVO

¿Sabes? Escribir es terapéutico. Es intentar transmitir emociones que se suman en el día a día en el trato con los demás y en el conocimiento de sus virtudes y de sus miserias. Mi norte, mi objetivo, es lograr ser una persona más comprensiva y más consciente de la fugacidad de su existencia para aprovecharla lo mejor posible. Una y otra vez intento expresarlo en cada libro para mis lectores, entre ellos tú.

A veces me siento impotente a la hora de expresar con palabras cuanto siento y cuanto he experimentado. Son ya muchos años de vida y de una profesión maravillosa, cuyo punto más alto es el conocimiento profundo de las actitudes humanas.

No cejaré en mi empeño ni en la esperanza de lograr que hombres y mujeres reflexionen en su propio jardín viendo la película de su vida, de manera que podamos construir un mundo mejor entre todos, sin muertes inexplicables, sin guerras y sin agresiones carentes de todo sentido.

Un mundo donde los niños puedan crecer saludablemente y convertirse en hombres y mujeres productivos, con la sensibilidad necesaria para ser capaces de mostrar el camino a quienes no lo encuentran por sí mismos.

Hasta aquí solo he esbozado algunos de mis pensamientos, a los que dejo fluir sin censura, porque es lo que siento. No soy ingenuo y no vivo de ilusiones. Sin embargo, creo que es mucho lo que tenemos que caminar todavía para convertirnos en seres humanos coherentes dadas las exigencias del mundo moderno.

Vayamos al encuentro del próximo capítulo, donde crearemos el jardín de tu corazón. Gracias por tu agradable compañía. Compartamos un café y descansemos unos minutos, simplemente para hablar de la vida.

2

Crea el jardín de tu corazón

¿Qué es crear?
Es darle forma a un sentimiento. Un jardín es un remanso.
Es lo que quiero que logres.
Lo haremos juntos y luego tú lo disfrutarás plenamente.
¡El jardín de tu corazón te espera!
¡Adéntrate en él, será tu lugar preferido!

El proceso de creación parte de una idea, de un pensamiento o de una emoción. A partir de ahí, comienzas a desarrollar la visión de lo que quieres erigir y das los primeros pasos para concretar tu intención.

En este caso específico, la creación es algo original, ya que se refiere a la construcción de un jardín en tu corazón, un espacio multifunción, un escenario donde, una vez finalizada la «obra», encontrarás el amparo necesario para el encuentro con tu ser interior, una gran tarea en los tiempos que vivimos.

Vamos a imaginar un corazón humano con sus cuatro cavidades. En una de ellas podrás dar rienda suelta a la representación de un jardín que sea el lugar que necesitas para la reflexión y el diálogo sincero acerca de cómo te sientes con tu vida.

Quizá esta sugerencia en un principio te resulte insólita, pero verás que a medida que avancemos en la concreción de este espacio aprenderás a valorarlo y sobre todo a utilizarlo con extremada frecuencia.

Se hace impostergable hablar de tu vida, de tus logros, de tus expectativas respecto del futuro, de tus angustias y ansiedades acerca de cómo será tu existencia en el tiempo que está por venir. ¿Y con quién compartir estos interrogantes mejor que contigo mismo? ¿Quién puede saber mejor que tú las respuestas? Para ello necesitas tener ese jardín, pues será un espacio de contención que albergará tus sonrisas y tus lágrimas.

EL JARDÍN, UNA FORTALEZA INFRANQUEABLE

Yo lo visualizo como un espacio propio, como una fortaleza infranqueable que puede darte la privacidad y la amplitud que requieres para hablar en voz alta, para decir todo lo que tienes guardado en tu interior y de lo cual extraerás conclusiones que te permitirán delinear el camino por seguir. Deseo que ponderes la trascendencia que tiene hacer esto.

Se trata de que puedas detectar a tiempo aquello que te hace daño, aquello que te lastima, aquello que no añade ni bienestar ni alegría a tu vida y, como consecuencia de ello, te genera emociones negativas que absorben tu energía, en lugar de ponerla al servicio de proyectos e ideas renovadoras.

La vida transcurre plácidamente para algunas personas; para otras —probablemente para la mayoría— lo hace como un río de aguas turbulentas que arrastra todo a su paso y que de forma constante destruye lo que encuentra en su incontrolable recorrido. Debes preguntarte cuál es tu situación, ¿la de la existencia apacible y serena o te identificas con el río tumultuoso que no respeta nada de lo que se le pone delante?

Esto no quiere decir que siempre estés en un extremo o en otro. Suele haber períodos en los cuales disfrutamos plenamente en nuestro jardín de la serenidad y del equilibrio emocional que tanto necesitamos y hay otras etapas en las que nos vemos envueltos en torbellinos que no cesan y que nos arrastran a lugares que no elegimos, con el consiguiente daño físico y emocional.

El valor y el sentido del jardín de tu corazón consisten en anticiparte a estos sucesos, y cada vez que comiences a sentir que algo no está bien en ti o en tu entorno, no lo dejes pasar pensando que por sí solo todo volverá a la calma y a la normalidad. Esto no es así y, de no actuar con premura, los acontecimientos tomarán un cariz más profundo y negativo, hasta llegar a un momento en que ya no estarás en condiciones de poner un punto final a lo que experimentas.

Pero comencemos por el principio. ¿Tienes como costumbre hacer un balance acerca de lo que te ocurre en el día a día? En buena medida, lo que acontece con cada uno de nosotros durante los siete días de la semana tiene mucho que ver con cómo encaramos nuestra existencia.

Con esto quiero decirte que si el espíritu con que inicias tu jornada es de signo negativo, es muy probable que a cada paso encuentres un obstáculo que no puedes franquear.

Por el contrario, si comienzas el día con un pensamiento positivo y con un espíritu esperanzador, no es que todo lo bueno que te suceda aparezca como por arte de magia, pero con esa actitud estarás facilitando una aproximación a los objetivos que te has fijado para la jornada.

Nada en la vida es blanco o negro, pero te desafío a que cambies por unos días tu pensamiento negativo. Aunque no creas lo que te estoy diciendo, verás cómo lenta pero firmemente tus logros irán apareciendo.

Todos sin excepción buscamos, por distintos caminos, primero sentirnos bien con nosotros mismos, y también cómodos con quienes nos acompañan e interactúan con nosotros, ya sea en el ámbito familiar, el laboral o con los amigos. Pero es indiscutible que esa sensación de «querer estar con otras personas» nace de un mínimo equilibrio emocional que nos impulsa a compartir los espacios de ocio que elegimos.

No te será ajeno el hecho de que cuando nos sentimos deprimidos o angustiados, en general nos aislamos y evitamos todo contacto con quienes no creemos que nos puedan aportar nada que alivie nuestro sentimiento y nuestras emociones negativas.

De ahí la importancia de cultivar el encuentro contigo mismo en el jardín de tu corazón. Es un ejercicio diario para que no dejes pasar por alto sucesos, episodios, circunstancias que te involucran como protagonista y que pueden ser adversos a tus intereses.

La visita frecuente al espacio que habrás creado te permitirá saber con exactitud qué es lo que te está pasando, y de ese modo surgirán las respuestas que te llevarán a solucionar, en el tiempo más breve posible, aquello que tanto te aflige. Debes abordar los problemas y conflictos de uno en uno, pero de forma inmediata, para que el tiempo no los haga crecer demasiado y queden fuera de tu control.

Piensa con objetividad cuándo fue la última vez que te enfrentaste sinceramente a lo que te sucede. Si lo has hecho, puedes contarme cómo te ha ido y qué medidas pudiste tomar para mejorar tu vivir diario.

De lo contrario, trata de imponerte una visita diaria a este espacio privado y allí da rienda suelta a lo que sientes. Es algo así como si hicieras un lavado profundo a tu alma y renovaras tu apuesta de alcanzar el bienestar que mereces.

Atender tus necesidades espirituales es tan importante como atender las físicas y es algo similar a tomar un baño diario para tu higiene personal. Solemos preocuparnos mucho por el funcionamiento correcto de nuestro organismo y está bien hacerlo. Pero ¿cuántas personas son conscientes de que lo que no está en armonía es su alma, sus sentimientos y sus emociones? y a la vez, ¿cuántas de ellas están dispuestas a pedir ayuda porque sienten que solas no pueden resolver sus conflictos?

CADA DÍA ES MAYOR LA DEMANDA DE ASISTENCIA ESPIRITUAL

No se trata aquí de elaborar una estadística, pero echando una rápida ojeada, podemos percibir que cada día es mayor la demanda de asistencia espiritual por los problemas que habitualmente tenemos los seres humanos en la vida.

Y si tú por casualidad perteneces al grupo de hombres y mujeres que sienten una profunda vergüenza por considerar que tienen que pedir ayuda, debo decirte que dejes de lado esa manera de pensar, pues hoy ya no tiene justificación alguna.

Está tan enfermo quien padece, por ejemplo, una dolencia cardiovascular como aquella persona que arrastra durante meses y años una angustia que no puede resolver, o una depresión que finalmente se proyecta en su cuerpo físico, provocando malestares que le impiden llevar una vida normal.

Si fuéramos capaces de preguntarnos a menudo por qué nos sentimos tan mal y a la vez ser sinceros en la respuesta, la existencia sería mucho menos complicada de lo que es. No me cabe duda de que somos nosotros los que la enredamos una y otra vez, con decisiones equivocadas, que parten de premisas erróneas y que obviamente al final nos conducen a resultados que no nos son favorables.

El jardín de tu corazón es un espacio de renovación, es un lugar apacible y amigable, en el que podrás volcar todo aquello que experimentas y sentirte renovado tras ese diálogo interno tan fructífero que generarás en él.

Los seres humanos estamos diseñados para ser creativos en variados aspectos de nuestra existencia. No solo se es creativo pintando, haciendo esculturas, escribiendo o generando innovaciones en metodologías de gestión comercial o cultural.

El mandato interno es ser creativo con nuestra realidad. Es la necesidad que tiene que emerger de lo más profundo de tu ser, de hacer de tu vida un oasis colorido, quitando con mucha paciencia todas las asperezas que obstruyen tu camino.

Es un trabajo lento pero que brinda enormes satisfacciones. Ese sentirse bien con la vida es la consecuencia de la disposición que posees para inyectarle a tu cotidianidad nuevas formas de pensar y de actuar. Eso no lo puedes obtener yendo a una conferencia o solamente leyendo uno o varios libros sobre el tema.

Puedes incorporar una enorme cantidad de conocimientos que provengan del exterior y, es más, estar totalmente convencido de sus contenidos. Pero hasta que tú no te encuentres con lo más profundo de tu ser y tengas la seria finalidad de revisar tu presente y tu futuro, solo te quedarás con la mejor de las intenciones.

Te llamará la atención que no haga mención a tu pasado; no es por mera casualidad. Tu pasado existe, claro que sí, pero este no puede interponerse en el camino hacia la obtención de tu equilibrio emocional y de tu bienestar. Aun en el caso de que hayan sucedido episodios que valoras hoy como fracasos o que te hayan generado un gran sentimiento de frustración, no deja de ser tu pasado, y el solo hecho de estar vivo tiene que ser un estímulo muy fuerte para trabajar sobre tu presente y tu futuro.

No eres perfecto; nadie lo es. Por lo tanto, aunque hayas tenido participación o no en lo que hoy todavía puede generarte un cierto desasosiego interno, debes admitir que ello forma parte de tu pasado y que jamás podrá cambiar. Sí, es muy duro lo que te estoy diciendo, pero no es más que la realidad que hoy te toca vivir.

Así, partiendo de esa base, el jardín de tu corazón, al ser tu espacio de encuentro, tiene que ejercer la función de mejorar el presente y el futuro. Puedes, si así lo sientes y deseas, tomarte un tiempo, con principio y con final, para analizar el pasado y extraer de él las enseñanzas que te ayuden a generar nuevas fortalezas.

Pero de ningún modo debes sentarte a lamentarte por lo ya vivido. La vida es un espacio ideal para emprendedores y nada ni nadie puede detenerte. De modo que, aunque no des cuenta, estás inmerso en esta aventura que significa vivir y debes hacerlo de la mejor manera posible.

Voy a confesarte algo, pues desde el mismo momento en que has aceptado acompañarme en este nuevo viaje a través de nuestras almas te considero mi compañero de travesía, por lo que no quiero tener secretos contigo. Mientras mis dedos se deslizan por el teclado del ordenador intentando dar forma a mis ideas, estoy pasando quizá por la crisis más importante de mi vida. La decepción es muy grande cuando apuestas por la integridad de las personas y estas te demuestran lo contrario. Ha habido muchos días en que he cerrado mi cerebro electrónico personal, porque he sentido que lo que podía escribir no le sumaría al lector nada nuevo.

Sin embargo, he utilizado el jardín de mi corazón y allí he reflexionado y he llegado a la conclusión de que los impedimentos que han ido surgiendo no pueden opacar mi fuerte deseo de comunicarme contigo y con otras tantas personas que me han acompañado desde mi primer libro.

Escribir es volcar sentimientos, pensamientos y también modelar emociones. En ese diálogo profundo en mi jardín, llegué a la conclusión de que nada podrá doblegar mi intención de llegar a ti, con mi palabra, con mi modo de ver la realidad, después de transitar largamente por los caminos de la vida.

Tendré que buscar la manera de enfrentar y resolver mis conflictos personales, pero no puedo de ninguna manera abandonar algo que me fascina y que satisface mis necesidades espirituales.

Por eso sigo, por eso estoy tratando de conversar contigo, estés donde estés, ya sea en mi país o en cualquier otro, porque eso es lo que tenemos que hacer los seres humanos: comunicarnos, ayudarnos, contenernos y construir entre todos un mundo donde la envidia, los celos y la malicia disminuyan vertiginosamente, dando el espacio necesario a la bondad y a la solidaridad para recuperar la alegría de vivir.

EL MAYOR DESAFÍO NO ES SER MEJOR QUE OTRO

No creo que sea mucho pedir si todos ponemos un poco de buena voluntad y tratamos de superarnos realizando un esfuerzo diario. El mayor desafío no es ser mejor que otro, sino ser mejores personas cada uno de nosotros, intentando crecer constantemente y reconocer cuáles son nuestras carencias y debilidades.

Esa humildad es sinónimo de grandeza, y es una de las razones que me mueven a seguir escribiendo acerca de estos temas en los cuales estamos todos inmersos.

Hecha esta digresión, queda demostrado una vez más que a todos nos suceden episodios desagradables y que tenemos que extraer fuerzas de donde sea para seguir adelante. Está claro que para ello tenemos que tener la convicción de que estamos haciendo lo que queremos. Eso genera un impulso increíble para sobrellevar con dignidad los períodos difíciles o de crisis personal.

El sol siempre vuelve a salir, aun después de las tormentas más furiosas. También los seres humanos tratamos de no doblegarnos ante la adversidad y buscamos con afán, y en lo más profundo de nuestro ser, la fuerza necesaria para continuar y seguir brindando lo mejor de nuestra persona.

No hay que fingir. Cuando es el momento de llorar, hay que llorar. Pero las lágrimas pueden secarse y detrás de ellas aparece la sonrisa que perfila la esperanza de ser capaces de continuar en el camino que nos hemos trazado. Nada de esto es sencillo; nadie mejor que yo en este momento para saberlo, experimentarlo y estamparlo en este capítulo. Pero no voy a someterme al lamento interminable, que no aporta soluciones.

Seguiré el dictado del jardín de mi corazón, y tengo la certeza de que no estoy errado. La perseverancia y el deseo de llegar cada vez a más personas que puedan necesitar estas palabras para hacerlas suyas, y contribuir de ese modo a un proceso de crecimiento personal, son el acicate principal para sobrellevar los momentos amargos.

Esa es una de las razones de concebir un jardín como un espacio personal, privado y a la vez el marco adecuado para instaurar una nueva forma de ver la vida desde un ángulo diferente; allí podemos aceptar que todo lo que nos sucede tiene muchas interpretaciones pero también una causa. Esta puede manifestarse u ocultarse, pero desde este momento te digo que siempre hay una.

Debemos desechar definitivamente el concepto de la mala suerte o de la casualidad en lo que se produce en nuestra vida. Este pensamiento es erróneo y en los momentos más complicados aparece una luz, tenue al principio, que luego se vuelve mucho más fuerte y nos ilumina y nos orienta en el camino que debemos seguir.

Utiliza el jardín todas las veces que lo necesites y trata de ser creativo en su interior. Aporta tus deseos, aporta tus ideas, aporta tus necesidades; acepta que no eres perfecto, sino falible, y quítate el sentimiento de culpa, que es algo injusto.

Sea cual sea la situación por la que tú puedas estar pasando, intenta comenzar desde cero.

¿Cuántas veces a lo largo de la vida tenemos que volver al punto de partida? Piensa en tu propia existencia y verás que, aunque no hayas tomado conciencia de ello, una gran cantidad de veces has decidido partir de cero para poder llegar al destino elegido.

Es como se dice habitualmente en el juego de cartas: «barajar y repartir de nuevo». Es posible que en un principio te sientas como habiendo malogrado una ilusión que te habías creado respecto a tu itinerario, pero volver al cero es hacer renacer la esperanza de que, ahora sí, lograrás arribar a buen puerto.

Pero esto es posible solamente si consigues reconocer cuál es tu realidad y cuáles son las decisiones que tienes que tomar para no obtener el mismo resultado negativo. Dicho de otro modo, si no cambias algunos componentes fundamentales de tu vida, nunca podrás avanzar. Esta es, sin lugar a dudas, una de las circunstancias clave en la vida de los seres humanos.

No existen atajos para alcanzar el bienestar y la felicidad

El cambio o la reingeniería personal suponen adentrarse en regiones desconocidas, lo que provoca un profundo temor de encontrarte desorientado y sin saber hacia dónde ir. Pero si en la paz del jardín de tu corazón te introduces en esa realidad, que es la tuya, única y no comparable a la de nadie más, llegarás fácilmente a la conclusión de que no solo no tienes otros caminos sino que no existen los atajos para el bienestar y la felicidad.

Es un proceso complejo, porque si has actuado de una determinada forma durante muchos años, el hecho de cambiar implica una apertura de tu mente y la aceptación de que puedes apelar a la innovación en tu vida cotidiana, del mismo modo que lo hace una empresa cuando cambia su modelo de gestión.

En definitiva, no hay tantas diferencias en el cometido de una organización y la gestión de tu vida en cuanto a los resultados buscados. Claro está que en el caso de hombres y mujeres los afectos son muy importantes y se deben tener en cuenta.

Aun así, hay que considerar nuestra existencia mediante conceptos de liderazgo, de autoestima alta y de innovación, para así obtener los resultados que esperas.

Son interminables los diálogos que puedes mantener contigo mismo acerca de los diferentes niveles en los que interactúas en la cotidianidad de tu vida. Siempre tendrás algo que preguntarte, algo que responderte y algo que requerirá del análisis más objetivo para que las conclusiones sean también las más certeras.

No importa demasiado si eres un empleado, si tienes un oficio o eres un profesional, comerciante o industrial. El jardín de tu corazón no requiere de condición alguna para ser creado y tiene la particularidad de que todo hombre o toda mujer puede diseñarlo a su gusto y para su uso frecuente.

Imagina un día cualquiera de la semana en el que regresas de tu jornada laboral o de estudio después de haberte enfrentado a una serie de dificultades que parecerían normales en la vida de cualquier individuo, pero que sin embargo te dejan un sabor amargo a la hora de hacer el balance del día.

¡Qué mejor que refugiarte en el jardín de tu corazón para «soltar» los sentimientos y emociones negativas y «limpiar» tu pensamiento para poder enfrentarte dentro de pocas horas a nuevos desafíos!

Poco a poco te irás haciendo amigo de este espacio original y sentirás la necesidad cada vez más frecuente de encontrarte con lo que es tu realidad en su justa medida, sin sobredimensionar lo que te sucede y dándole el valor que merece a cada uno de tus actos, de tus decisiones y de los sucesos de los que eres el actor principal.

Este equilibrio tan buscado por todos nosotros no se puede encontrar en ninguna filosofía o religión —sin desmerecer la importancia de la creencia o la fe—, sino que la armonía surge de la verdad interior que cada uno de nosotros alberga.

Después de tener clara esa verdad, podemos adherirnos con fuerza a determinados modelos de pensamiento o dogmas que nos ayuden a transitar por los escabrosos caminos de la vida.

Mira a tu alrededor y utiliza para ti el espejo de tu alma; verás qué cantidad de personas claman por su paz interior, por su equilibrio emocional y por una armonía que les permita vivir con dignidad y les ayude también a apoyar su cabeza en la almohada por la noche y poder disfrutar de un sueño reparador sin sobresaltos ni sufrimientos, como consecuencia de «deudas» no saldadas en lo más profundo de su ser.

Una «deuda» no es un problema insoluble, pero la sumatoria de una cantidad importante de conflictos que acaban por desbordar tu cuerpo emocional pone en serio peligro tu salud, desde todo punto de vista. No debes esperar a que esto suceda; una de las principales razones para crear el jardín de tu corazón es precisamente poder aliviar esa carga tan pesada y lograr así sentirte mejor.

Tú, al igual que la enorme mayoría de tus congéneres, cumples con las obligaciones que has asumido con responsabilidad y con certeza. A pesar de ello, hay una diferencia sustancial entre el cumplimiento del deber y el grado de satisfacción con lo que haces. Puedes ser excelente en tu desempeño y sin embargo en tu vida personal, un verdadero desastre.

A la inversa sucede lo mismo: puedes tener una vida personal muy satisfactoria y arrastrar problemas crónicos en lo que se refiere a lo laboral o a lo económico. ¿Dónde está la llave para abrir la puerta que explique qué es lo que sucede? La llave existe y está celosamente custodiada en el jardín de tu corazón. Cuando acudas a él, encontrarás las respuestas que tanto anhelas y buscas.

Cuanto más te alejes de ti mismo, más te costará encontrar las respuestas a los interrogantes que tu vida te plantea. Hazte amigo de ti mismo, confía en tus propios procesos de pensamiento, y no nubles tu visión con una realidad que no sea la tuya. Engañarte no es un buen negocio para ti. Solo te sumirá en una densa bruma que no te permitirá ver con nitidez lo que te está sucediendo.

Asume tus aciertos y tus errores

No hay nada gratuito en la vida, y la realidad de tu existencia tampoco lo es, en el sentido que tendrás que asumir tus aciertos y tus errores, y del balance de ambos surgirá espontáneamente el punto de bienestar que buscas. El lugar ideal para encontrar ese sentido es el espacio del que estamos hablando.

No todo lo que haces o sientes tiene que tener un carácter negativo, pero inevitablemente siempre aparecen episodios que te provocan perturbaciones, malezas que tienes que eliminar cuanto antes.

Con todo lo que te he dicho hasta ahora, espero haberte convencido de poner tu mejor disposición para crear tu propio jardín, y una vez que lo hayas construido, comienza de inmediato a disfrutar de él y a utilizarlo como tu cable a tierra cada vez que te veas acorralado por situaciones que no has podido resolver en el momento en que sucedieron.

¿Te has preguntado alguna vez por qué los seres humanos somos tan conflictivos? ¿Por qué existen la codicia, la envidia y los celos? Hombres y mujeres pierden lo más valioso de su tiempo mirando lo que los demás hacen, sin detenerse a examinar y mucho menos valorar su potencialidad de hacer cosas extraordinarias.

Esos supuestos modelos, que todo lo pueden y que son aparentemente seres superiores, en realidad son iguales a ti y a mí. Quizá un elemento diferencial puede ser que hayan tenido una actitud diferente frente a la vida, que se hayan dedicado en exclusiva a su crecimiento y a su desarrollo, y no a mirar pasivamente cómo otros conseguían sus objetivos.

Así pues, si partimos de la base que la deliberación y el

conocimiento interior son pilares innegociables para lograr nuestros objetivos, el jardín de tu corazón cobra una dimensión singular en este proceso. Será el recinto donde tomarás el impulso para revertir situaciones adversas, o simplemente para diseñar estrategias exitosas que te lleven a tu destino de forma espontánea.

Aceptar la rutina es lo peor que puedes hacer. Caer en lo que siempre es igual, en lo que no tiene cambio alguno, conduce al aburrimiento y a la apatía. ¿Para qué voy a cambiar si estoy bien?, suelen decir muchas personas. Pero ¿están bien en realidad, o acomodan el concepto de bienestar hasta autoengañarse?

Es muy revelador preguntarse esto a menudo para sacudir la «falta de motivación» que acusan muchos individuos cuando se les pregunta acerca de nuevos proyectos. La voluntad es fundamental para cualquier proceso de cambio o de reingeniería personal, y esta se pone en marcha a partir de una motivación, un porqué y un para qué en la existencia.

Si fueras constante en tomar conciencia de cómo está tu motivación y cómo está tu voluntad respecto de tu futuro, los resultados que obtendrías serían infinitamente superiores a los que has logrado hasta el presente.

El solo hecho de reflexionar sobre tu actualidad y sobre el tiempo por venir ya es un paso muy importante hacia el encuentro de las potencialidades que todos tenemos, y que es necesario poner en movimiento cuando las ambiciones que manejamos son sanas y están centradas en obtener una mejor imagen de nosotros mismos.

Lo ideal sería que no esperaras a atravesar una espesa niebla en tu vida para tomar la decisión de acudir con premura a encontrar las respuestas que puedan aliviar tu tensión y tu estrés desmedido. Tú sabes, al igual que yo, que los vientos arrecian, que no respetan valores ni principios y que pueden llevarte a la desesperación de un momento a otro.

TEN SIEMPRE UN PLAN ALTERNATIVO

Hoy en día es necesario tener más de un plan estratégico para afrontar los desafíos de la vida. Si algo no funciona correctamente, o no te da los resultados que tú esperas, de inmediato pones en marcha el plan accesorio o secundario, que debes tener a mano. De esta forma, el sufrimiento es mucho menor y además reduce el tiempo para lamentarte porque tu propuesta no prosperó.

Y esto funciona en todas las áreas de tu vida, no importa cuál sea la clasificación que hagas de tus prioridades. Mantener estas conversaciones contigo mismo es muy gratificante, porque en ese espacio que te otorgarás germinarán tus ideas y podrás delinear las acciones que has de poner en práctica para avanzar con firmeza y sin claudicaciones.

La sensibilidad personal es un factor fundamenal a la hora de evaluar la importancia que tú darás a tu jardín. Y me refiero a la sensibilidad personal, porque hay individuos que creen que no necesitan nada ni nadie para progresar en la vida.

Están equivocados, porque si bien eso puede suceder, también es cierto que en algún tramo de la existencia, o en varios de ellos, es necesario dialogar intensamente en la búsqueda de la verdad y pedir ayuda, lo que se traducirá en una visión objetiva de lo que nos sucede.

Nadie debería considerar esto como una señal de debilidad o de minusvalía personal. Simplemente hay circunstancias en las cuales nos sentimos desbordados y entonces una palabra tranquilizadora y de contención puede ser un bálsamo para el alma, además de proporcionarnos una visión diferente de lo que estamos viviendo.

Resulta por demás complicado tratar de pensar de un modo diferente cuando estamos inmersos en un conflicto que nos lastima. El observador imparcial no tiene ese sentimiento, y su opinión cobra valor. En última instancia, tú lo sabes ya, las decisiones las definimos cada uno de nosotros en el silencio de nuestra intimidad y amparados en el jardín de nuestro corazón.

La vida me ha dado la oportunidad, a través de la Medicina, de hurgar y conocer palmo a palmo la conducta humana y elaborar mi propia teoría en relación al porqué de algunas enfermedades y su vínculo de causalidad con las emociones mal manejadas. Esto sucede justamente en aquellas personas que durante buena parte de su existencia han negado la trascendencia de crear un espacio para confrontar sus deseos con su realidad.

Ser creativo en este escenario implica una gran cuota de valor y de coraje, porque nos pueden pasar dos cosas bien diferentes. Por un lado, frente a una crisis personal o simplemente frente a un hecho que vivimos como una adversidad, una de las posibilidades es desplomarse y perder no solo la alegría de vivir sino también la motivación de la que hablábamos antes.

Eso nos conduce a una verdadera parálisis de nuestro pensamiento, por lo que las ideas no fluyen ni se generan, y así pasan días, semanas y meses sintiendo que hemos caído en un pozo del que no podemos salir. Sentimos que el mundo está en nuestra contra y que no somos merecedores de tal agresión.

Aunque eso pueda ser verdad, los hechos demuestran otra cosa. Estamos en una crisis y la meta es salir de ella, no solo lo antes posible sino también de la mejor manera.

No obstante, algunas personas se rebelan frente a los reveses de su existencia y ponen en marcha su resiliencia, su capacidad de rehacerse frente a hechos que les lastiman profundamente. Entonces comprenden la importancia de tener este jardín, que no será mágico en cuanto a la resolución de sus conflictos, pero sí un espacio para la elaboración de estrategias que les conduzcan a volver a empezar, creyendo en su capacidad y en su potencial para revertir esa crisis.

Ahora sí es necesario que te formule una pregunta que es de rigor: ¿en qué conjunto de individuos te encuentras tú? O, si alguna vez te viste en una situación de esta naturaleza, ¿dónde te ubicaste?

Es bueno que lo recuerdes, porque si te identificas con el primer grupo, es urgente que busques los medios y los caminos para que, en el futuro, si volviera a ocurrir algo similar —lo que es muy probable—, puedas responder como lo hacen quienes renacen de sus cenizas, tras el desastre vivido.

Unas páginas más arriba, compartí contigo un sentimiento que me estuvo rondando durante los últimos meses, cuando debí decidir si continuaba escribiendo o no. No importan mucho los motivos, algo te comenté en cuanto a la decepción por la actitud de algunos seres humanos vinculados a esta tarea, que considero no solamente muy creativa sino que también es un vehículo para poder llegar a miles de personas brindando mi visión de lo que significa vivir, no solo en mi país sino más allá de sus fronteras.

Y la importancia de que tú lo sepas no significa que yo espero que me digas o me escribas que lo siga haciendo o no, sino que quiero transmitirte cuáles fueron mis sensaciones y también las etapas que recorrí hasta que de nuevo mis manos se deslizaron velozmente por el teclado para que, en el tiempo más breve, el contenido de este libro llegara a ti.

En un principio, la frustración, la ira y el enojo ocuparon buena parte de mi tiempo; buscaba respuestas y no las encontré por no tener interlocutores que pudieran contestarlas. Eso me provocó más irritación, acompañada de un sentimiento de incomprensión acerca de mi trabajo y de mi voluntad de llegar a la mayor cantidad de seres humanos, pues, como médico, me consta que todos sin excepción tenemos áreas de nuestra vida para revisar y mejorar.

Me encontré perdido, sin apoyos, sin explicaciones válidas, y eso me catapultó a un estado de inercia; cumplía con mis obligaciones pero no era capaz de avanzar ni siquiera un centímetro en mis propuestas y, en consecuencia, me fui encerrando en mí mismo, algo que estaba totalmente en contra de mi comportamiento habitual y de mi manera de ser.

¿QUÉ ESTOY HACIENDO Y QUÉ ME ESTÁ PASANDO?

Llegó un momento en que me pregunté qué estaba haciendo y qué me estaba pasando. Me dije: «¿Por qué estoy pensando en abandonar aquello que no solo me gusta y me apasiona, sino que me hace tanto bien a mí y, a juzgar por los comentarios, también a una buena parte de mis lectores, aquellos que me hacen llegar sus apreciaciones?».

Me di cuenta de que no podía esperar de los demás más de lo que pueden dar, y recurrí sin dilaciones al jardín de mi corazón para aclarar estas dudas que me asaltaban y que no me permitían descansar por las noches.

En ese ámbito logré, con mucho trabajo, separar mis emociones de la realidad. Esta última es una sola y reflexioné acerca de si yo era capaz de cambiarla. Fui consciente de que de ningún modo yo podía modificar la conducta y el pensamiento de los demás, y también allí conseguí abrir mi mente para llegar a la conclusión de que tenía que trabajar sobre mi persona y no intentar infructuosamente que esos interlocutores pensaran y actuaran como yo necesitaba.

Esa reflexión obró como un acto de liberación. Fue algo similar a cuando se abren las compuertas de una represa y el agua fluye incesante e incansablemente. Cuando fui capaz de visualizar mi realidad en el verdadero contexto en el que estaba, renacieron en mí la voluntad y la motivación para continuar en el camino que tantos años atrás había comenzado y que tantas sorpresas agradables me había deparado.

Comprendí que lo importante es estar en paz y en armonía con uno mismo, tener la certeza de que siempre actué con honestidad y con transparencia, esperando una respuesta similar por parte de aquellas personas con las que interactuaba. Si no fue así por distintos motivos, yo sí encontré en ese diálogo interno el equilibrio necesario para tomar decisiones importantes.

Este es el decimotercer libro que escribo y no era menor

el impacto de abandonar el vasto camino recorrido y realizar
actividades totalmente diferentes.

Fueron muchos días y noches de gran perturbación y de
preguntarme una y otra vez por qué estaba experimentando
esas sensaciones tan desagradables y por qué no encontraba
una respuesta que me dejara satisfecho.

Allí percibí con diáfana claridad que estaba teniendo una
de las crisis personales más importantes de mi vida, debido a
que me estaba cuestionando algo que había elegido con libertad y que en ese momento tenía intención de abandonar definitivamente.

La música más típica del Río de la Plata, que involucra a
Uruguay y Argentina, es el tango. Una estrofa de un tango
dice: «que la fama es puro cuento», y yo en mis cavilaciones
estuve totalmente de acuerdo con lo que ese verso deja entre-
ver, porque me encontraba absolutamente solo en medio de
la multitud. Nadie sabía lo que pasaba dentro de mí y no lo-
graba ordenar mis ideas ni trazar mi camino.

Pero como tras las tormentas más implacables el cielo se
aclara y se limpia, del mismo modo, en determinado momento de este período penoso que tuve que transitar, la luz me
iluminó y conseguí colocar las piezas, cada una en su casillero
correspondiente.

La pregunta clave fue: ¿si estuvieras solo y aislado de lo
que te rodea, qué harías? Me costaba separarme de lo que
estaba a mi alrededor y pensar solamente en mí. Finalmente
lo logré con gran esfuerzo y allí comprendí que debía seguir
escribiendo aunque tuviera un solo lector, porque eso me
apasionaba y porque debía ser justo con la enorme cantidad
de hombres y mujeres que a través de los años me habían

hecho llegar palabras de estímulo acerca de mi obra literaria.

Y aquí estoy, sin que las heridas hayan cerrado totalmente, pero con la convicción de que estoy haciendo lo que debo, con la esperanza de llegar a ti, no solo para poder orientarte o ayudarte humildemente en lo que tiene que ver con tu reflexión interior, sino también para que incorpores la idea de que no existe la perfección. Lo que yo, a corazón abierto, he compartido es algo que puede sucederte en algún momento de tu existencia.

No tengo claro todavía si los demás habrán de cambiar o si su actitud será diferente en el futuro, pero creo que ahora me importa menos, porque nadie puede cambiar a alguien que no lo desea y tenemos que hacer las elecciones de forma personal e individual, aun con el riesgo de equivocarnos.

Siempre es mejor errar por intentar llevar adelante un proyecto o una idea que hemos creado en nuestra mente, que seguir ciegamente el camino que otros creen que es el más adecuado para nosotros, sin detenerse a reflexionar si realmente es así, o nuestras necesidades son muy diferentes.

No me gustaría que pensaras que estoy haciendo una terapia contigo. Tómalo como una confesión por mi parte, para mostrarte que yo, como autor de este libro y de otros, no soy invulnerable y he pasado por las mismas situaciones que pueden darse también en tu vida. Eso demuestra que mi carácter es humano y falible y por ello puedo entender tus circunstancias.

La existencia no solo está llena de asombros, sino que puede tener períodos en los cuales estamos contentos y conformes con los resultados que obtenemos. También tiene otros como los que te relaté, cuando todo es cuestionamiento y dudas respecto al presente y al futuro, así como con las decisiones que debemos tomar.

Ten siempre presente que las decisiones solo las podemos evaluar retrospectivamente, de acuerdo con el impacto que tienen en nuestra vida y sobre la vida de quienes se sienten involucrados en ellas. Eso da a nuestros planes de acción la cuota de incertidumbre y de desafío que significa afrontar la vida en el día a día.

Tengo seguramente una buena parte de responsabilidad en el hecho de no haberme dado cuenta a tiempo de lo que estaba ocurriendo, y de no haberme anticipado a las cuestiones que me sumieron en esa crisis que se fue profundizando, por haber sido tan confiado y creer que todos estamos en la misma sintonía y que empujamos el carro en la misma dirección.

La vida es así y nunca pretendí que todos me quisieran y me dijeran que estaba todo bien; pero siempre exigí con toda mi fuerza que se me dijera lo que no estaba bien y se me dejara en libertad para continuar mi camino.

Estoy totalmente abierto a la opinión de los demás porque actuar de otra manera me convertiría en una persona necia. Pero más allá de esos juicios, estoy convencido de que debo poner en primer lugar el mío, aquel que nace de lo más profundo de mi ser.

DE LAS CRISIS PERSONALES TAMBIÉN SE APRENDE

De las crisis personales también se aprende; de ellas podemos salir en la medida en que veamos con claridad lo que necesitamos para sentirnos bien, con el fin de generar así la armonía que precisamos para seguir existiendo.

Estar en guerra permanente con nuestra manera de pensar y de sentir solo desgasta nuestra energía. La visita constante al jardín fue la solución para darle diáfana claridad a un sentimiento que en un principio fue muy borroso y que no me estaba permitiendo visualizar mi futuro.

Lo que sí he decidido de forma tajante es no abandonar jamás lo que estoy haciendo, por más obstáculos que puedan presentarse y mientras tenga la capacidad y la lucidez para transmitir mi experiencia de vida y la que he recabado tras más de cuatro décadas de ejercicio de la Medicina.

Eso sí quiero compartirlo contigo, para que puedas tener una plataforma de lanzamiento con la que conformarte una nueva identidad si estás pasando por una crisis similar a la que yo pasé; o que alcances el bienestar para concebirte de un modo diferente mirando al futuro.

Amigo, estos latigazos que la vida a veces nos da nos fortalecen, nos ayudan a crecer, a comprender y también a perdonar a quienes voluntaria o involuntariamente nos han hecho daño. Cada uno elige cómo quiere ser y cómo desea comportarse en el vínculo con otras personas, ya sea en lo laboral o en el ámbito de la amistad.

Pon tu capacidad al servicio de lo positivo que hay en ti. Si bien estas tempestades aparecen la mayoría de las veces sin previo aviso y consumen buena parte de esa energía vital que tenemos, una vez que tengas claro a dónde quieres llegar, la calma regresará y entonces podrás centrarte específicamente en lo que deseas.

Lo que más duele es la incomprensión, la frialdad y la indiferencia de los demás frente a nuestro sufrimiento. Pero aun por dignidad puedes pedir una vez, dos veces, pero ya a la tercera tienes que decir ¡basta!, y hacer un «retiro espiritual», que no es otra cosa que un paréntesis para reflexionar en tu jardín sobre cómo debes continuar.

De nada sirve golpear una y otra vez una puerta que nunca se abrirá. La que tiene que abrirse es la de tu corazón, la llave que posees y te permite entrar tantas veces como necesites o desees.

Allí has de encontrar tu verdad, la propia, la que te indicará sin errores hacia dónde debes dirigirte. Lo que pasa es que habitualmente hay que recorrer varios tramos de disgusto y de frustración para llegar a esa conclusión.

Creo con firmeza que todas las experiencias que vivimos nos dejan alguna enseñanza, aun aquellas que podemos catalogar como profundamente negativas para nuestros intereses. En general, nos enseñan a enfrentarnos y a adelantarnos a ellas, evitando que nos dejen heridas abiertas en el alma, pues seguramente no volverán a suceder, si tenemos la voluntad de aprender.

Parto de la base de que todos tenemos claro que cubrirnos los ojos con las manos no cambia nuestra realidad. Esta sigue estando ahí, golpeándonos duramente hasta derribarnos si no le hacemos frente con una actitud férrea.

Levantarnos después de que nos hayan hecho caer prolonga el tiempo de recuperación y por lo tanto no es la situación ideal. Hace unos días observé cerca de mi consulta, en una esquina donde hay un quiosco, un pizarrón con frases que hacen reflexionar acerca de la vida. La última de ellas decía: «En el boxeo no pierde el que cae, sino el que no se levanta».

Y yo añado: en la existencia humana es exactamente igual. Si permanecemos caídos para siempre, nada podrá cambiar.

Lo que sí tenemos que hacer es advertir rápido lo que está sucediendo y recurrir al jardín de nuestro corazón para preguntarnos por qué nos sentimos como nos sentimos. Una vez que hemos encontrado las respuestas, se impone actuar con rapidez pero no de forma imprudente.

NO TOMES DECISIONES BAJO EL INFLUJO DE LA IRA O EL ENFADO

Nunca debemos tomar decisiones bajo el influjo de la ira o el enfado, o cuando tenemos ante nuestros ojos la percepción de que hemos fracasado en nuestros proyectos.

Hay un tiempo de transición entre asimilar el golpe que nos han asestado y el comienzo de la recuperación. Tenemos que respetar esa transición porque es el tiempo en que nos permitimos estar tristes por lo que ha pasado, es el espacio en el que tenemos dudas acerca de cómo seguir, pero también es el momento en el que aprendemos a valorarnos y a sentir que, como no merecemos ese golpe tan artero, continuaremos sin desmayos en la ruta que nos habíamos trazado.

Ahora posees un lugar de amparo para que no tengas que hacer todo esto a la intemperie, con las inclemencias del tiempo. En este espacio que yo te sugiero una vez más, encontrarás la calidez necesaria para la reflexión, para el encuentro con lo más profundo de tu ser y para comprender y admitir que tú también mereces el bienestar al que todo ser humano tiene derecho.

Bien, este ha sido un capítulo de confesiones y propuestas. Si sigues a mi lado, iremos al encuentro de la importancia de nuestro vínculo con el entorno, donde veremos cómo influyen el pensamiento y la acción del colectivo sobre nuestra vida y sobre nuestras decisiones.

A la vez, rescataremos las herramientas que tenemos para priorizar lo que nuestro interior nos susurra, y veremos cómo llevarlo a cabo sin renunciar a nuestros principios y valores; a su vez, intentaremos no herir la sensibilidad de quienes nos rodean.

Esto merece un pequeño alto en el camino; compartamos un rico café, que, si me permites, yo te serviré.

Descansa... y seguimos.

3

Analiza el vínculo con tu entorno

No vivimos solos.
Nuestro entorno tiene gran influencia en nosotros.
Aprende a escuchar a quienes respetas.
Incorpora aquello que consideres útil para ti,
pero siempre otorga prioridad a tus sentimientos.
De ese modo siempre serás fiel a tus pensamientos.

Nuestra vida transcurre en sociedad. Esto significa que estamos de forma permanente en contacto con otras personas, con otras ideas y maneras diferentes de pensar y de actuar. No cabe duda de que estas distintas visiones acerca de la existencia humana influyen y generan emociones de signo diferente en cada uno de nosotros.

El interrogante es: ¿hasta qué punto debemos escuchar e incorporar los pensamientos de nuestro entorno y qué beneficios nos aporta adoptar esta conducta? Siempre hemos afirmado que una buena señal de humildad es prestar atención a aquellas personas que tienen más experiencia que nosotros en el devenir de la vida, de cuyas vivencias podemos extraer algunos modelos que nos son útiles para nuestro desempeño cotidiano.

Pero esto es así siempre y cuando reservemos un espacio preferencial para nuestras tendencias y sentimientos. Una cosa es procesar información que recibimos del exterior y otra muy diferente es cerrar las puertas de nuestra mente, para seguir ciegamente los dictados de quienes nos aconsejan, aun cuando ellos tengan la mejor intención para con nosotros.

Parecería innecesario detenerse en este punto, pero suele suceder que, a veces, sin tener conciencia clara de ello, tendemos a seguir a «la mayoría», sin reflexionar acerca de si esas ideas o conceptos están en verdadera consonancia con lo que esperamos de nuestra vida.

Para ello sería adecuado que tuvieras presente cuál es tu conducta al respecto. Insisto: escuchar está bien; extraer conclusiones también es conveniente; pero todo esto es correcto en la medida en que luego lo midas con tus propias ideas y llegues a los desenlaces que necesitas al respecto.

El jardín de tu corazón es el espacio ideal para revisar todo el bagaje de información que recoges día tras día y que puede llegar a confundirte en cuanto al modelo que tú proyectas para llegar al destino elegido. En la actualidad, la información es tan vasta y viene a través de tantos canales, que se vuelve bastante difícil diferenciar qué es lo útil y qué hay que desechar.

Por ello el diálogo permanente se impone como una actividad más en tu quizá ya agitada agenda, pero es la única forma de no cometer errores de los que luego podrías llegar a arrepentirte. Es el momento de recordarte que el precio de ser diferente es muy alto y por esa razón un elevado número de personas prefieren que otros decidan por ellos, siguiendo a rajatabla las decisiones tomadas por los demás.

No pierdas la capacidad crítica ni la autocrítica

Esto conlleva varios peligros: en primer lugar, la pérdida de tu identidad con el paso del tiempo. Al dejar de pensar y de construir tu presente y tu futuro, vas perdiendo la capacidad de crítica y de autocrítica, dando por sentado que lo que oyes, lees o ves en los medios de comunicación o en internet no admite discusión alguna.

Y esto no es así. Todo tiene más de una interpretación, y es más, tú puedes darle la tuya, que puede llegar a ser totalmente diferente de lo que has escuchado o de lo que has podido informarte.

Tu relación con el entorno debe ser buena, pero manteniendo una distancia, que actuará como un elemento de autoprotección, para que puedas separar en tu jardín y con serenidad lo que consideres verdadero de lo que percibes como falso. No temas la opinión de quienes te rodean, que pueden tildarte de soberbio o de egoísta.

Nada más lejos de la realidad; lo único que estarás haciendo es preservar tu autoestima del embate de un cúmulo de información que en general produce desasosiego interno por sentir que no estás a la altura de quienes pregonan grandes ideas y acciones.

Cada ser humano tiene sus tiempos, su ritmo y la responsabilidad de sus actos. Y tú también tienes los tuyos, de modo que el vínculo con tu entorno debe ser fluido, constante y con una concepción de apertura. Sin embargo, preserva un espacio, donde, sin interferencias de ningún tipo, podrás definir lo que será mejor para ti.

Un ejemplo para ilustrar lo que estoy intentando transmitirte: te levantas por la mañana y vas a trabajar. En la oficina tienes contacto con tus compañeros, hombres y mujeres, que hablan de diferentes situaciones que los tienen a ellos como protagonistas. Tú escuchas y quizá no emitas opinión alguna, pero inconscientemente los mensajes quedan registrados en ti.

Terminas la jornada y vas a un gimnasio donde permaneces un par de horas e interactúas con otras personas, o realizas actividades que no pudiste desarrollar a lo largo del día. Más información y más mensajes que llegan a tu centro de recepción.

Finalmente regresas a casa, donde también te espera una serie de mensajes de ambos tipos, los positivos y los negativos, que impactan en ti.

Tras este periplo, en el que has acumulado en un solo día gran cantidad de información, no es muy difícil entender por qué debes recurrir a tu jardín para procesar y evaluar todo lo que involuntariamente ha quedado grabado en tu mente.

Pero también puede suceder que pases la mayor parte del día en casa, dedicado a las tareas del hogar. Asimismo, tienes la televisión encendida o escuchas la radio para no sentirte solo. A través de los medios de comunicación de este tipo o de la lectura de diarios y revistas, recibes un sinfín de información, que, de forma inevitable engrosará esa enciclopedia de mensajes que acabas registrando pasivamente.

Esto que te relato ocurre día tras día y llega un momento en que uno tiene derecho a reflexionar y decir: ¿estoy actuando de acuerdo con mis códigos y con mis modelos o paradigmas? ¿O todo lo que me llega por distintos canales de información me ha alejado totalmente no solo de lo que me interesa sino también de lo que yo concibo como importante para mí?

Por ese camino pierdes tu identidad, porque piensas, sientes y actúas a través de los cientos de mensajes que te llegan a través de la publicidad, de los programas, de los medios de comunicación, o simplemente en el intercambio que tienes con quienes convives diariamente, ya sea en tu trabajo, en tu casa o con tu familia y amigos.

La idea no es que te conviertas en un ser aislado que rechaza de plano todo lo que viene del exterior. Mi sugerencia es que establezcas algo así como una línea divisoria clara y terminante entre lo externo y lo interno. Si de sumar se trata para que puedas acceder a tu bienestar, ¡bienvenido sea!; incorpóralo, y eso te ayudará a llegar antes a la meta elegida.

Pero si percibes que esa información te confunde, te genera conflictos, te hace dudar de un esquema y un programa que ya habías diseñado para tu vida, ¡cuidado!, porque eso puede actuar como una verdadera trampa que te haga retroceder en tu plan de acción, a veces por un tiempo prolongado.

No ponemos en tela de juicio los avances tecnológicos, sobre todo en el área de la información. Podemos comunicarnos con quien deseamos de forma instantánea y acceder a todo tipo de información mediante el ordenador, una tableta o un teléfono inteligente.

Ahora bien, ¿es el ser humano más feliz con todo esto? ¿O hemos perdido la capacidad de comunicarnos a través del lenguaje oral y de ese calor humano que brinda la cercanía, tan importante por la trasmisión de energía que se produce cuando un individuo habla con otro cara a cara?

Hoy es muy fácil enviar un mensaje, una foto, un vídeo, hablar desde cualquier parte del mundo con aplicaciones que cualquier teléfono moderno dispone. Lo que yo te pregunto es si crees que esto es totalmente positivo o tiene también su lado negativo, como todas las cosas de la vida.

Estoy de acuerdo contigo en que no hay nada perfecto, pero justamente ayer, antes de escribir este capítulo, en un restaurante había una familia sentada a la mesa: padre, madre y dos hijos adolescentes. Los observé durante veinte minutos. Cada uno estaba absorto con su móvil, a saber haciendo qué.

Pensé: ¿cuántas oportunidades tiene esa familia de estar todos juntos y sin embargo desperdician ese precioso tiempo utilizando sus modernos aparatos, en lugar de hablarse, comunicarse y decirse una cantidad enorme de cosas que seguramente pueden compartir?

Hace ya un tiempo iba caminando por la calle y venía en sentido contrario una joven con los auriculares puestos y escribiendo con ambas manos en su teléfono. Su cabeza estaba inclinada sobre el dispositivo y no miraba ni hacia delante ni hacia los costados. Yo me propuse no desviar mi camino, para saber cuál sería el final de este inevitable choque que iba a producirse con esta chica. Increíblemente, cuando estábamos apenas a veinte centímetros de distancia, creo que percibió mi respiración y se hizo a un lado para que yo pudiera pasar.

Más allá de lo anecdótico del hecho en sí, lo que quiero resaltar es lo que el marketing, el consumo y la propaganda producen en nosotros y nos inducen a tener; en este caso, el último modelo de teléfono, o cambiar de coche —porque el nuevo modelo permite entrar en el vehículo con la huella digital y otros elementos innovadores que no cambian significativamente la prestación del que ya tenemos—, y así nos vamos convirtiendo en consumidores de lo que los otros pretenden vendernos, sin siquiera ofrecer una mínima resistencia ante este embate que no tiene piedad.

¿Qué podemos esperar de ellos, para quienes esto es su negocio? Cuanto menos reflexionemos, cuanta menos resistencia podamos ofrecer, más rápido cumplirán con sus objetivos de transformarnos en seres sin autonomía y sin independencia de pensamiento y de acción.

La respuesta está en nosotros, en mantener una postura equilibrada y armónica con nuestros intereses. Sí, claro, tú puedes mirar en un escaparate el producto más moderno y atractivo que ofrece al potencial comprador una vida maravillosa. Pero esto no significa que te endeudes para poder adquirirlo, simplemente porque quienes intentan vendértelo ensalzan sus beneficios incomparables.

LA MANIPULACIÓN MALICIOSA DE LA INFORMACIÓN

Esta actitud se manifiesta en todos los ámbitos de la vida, donde no hay aparatos visibles, pero sí una manipulación maliciosa de la información y una intencionalidad, sutil o no, de inducirte a que hagas lo mismo que el resto de los seres humanos, sin pensar demasiado en si es lo conveniente o no. Ante eso debes defenderte y no permitir la invasión indiscriminada de tu territorio, en el que solo tú decides lo que quieres que acontezca.

Es tan arrolladora la cantidad de información que recibes

a diario que recae sobre ti la misión de filtrarla, dejar entrar aquella que te beneficia y rechazar de plano aquella que te daña o que no te aporta nada positivo para tu crecimiento personal.

Con respecto a ese cúmulo de datos, sucede también que el tiempo útil de que dispones para llegar a esa clasificación es cada vez menor, con lo cual te vas alejando progresivamente de tus metas y objetivos.

Hay personas que por ejemplo no miran los informativos de la televisión porque sus contenidos les hacen daño y los sumen en una angustia que no pueden manejar. Prefieren utilizar ese tiempo en tareas que les son gratificantes, y cuando desean acceder a la información, lo hacen a través de la vía digital o mediante alguna emisora de radio de su preferencia.

Son en definitiva opciones de vida, decisiones que se toman en la medida en que logramos evaluar lo que es bueno y lo que no lo es para nuestra vida.

Este libre albedrío del ser humano es al que recurro para que comprendas que no debes perder tu libertad de pensamiento y de acción, más allá de que inevitablemente tendrás que convivir con tu entorno de la manera más afable posible, pero sabiendo, y haciéndoselo saber a los demás, que tu espacio es infranqueable y que nadie que tú no permitas tiene derecho a acceder a él.

Por ello, cuando hablo del jardín de tu corazón, estoy hablando de un lugar íntimo, tan íntimo como lo es el corazón de un ser humano. Solo pueden llegar a él aquellas personas o aquellos conceptos que tú permitas, pues cuando la llave cierra la puerta, nadie tiene acceso, por más que lo desee, y solo tú sabes a quién dejas entrar.

Sin duda, el mundo cambió del mismo modo que cambiamos hombres y mujeres, a medida que el tiempo va transcurriendo. No somos los mismos, y la necesidad de adaptación a un mundo globalizado es cada vez mayor. Hasta aquí no podemos más que estar de acuerdo con una realidad incontestable.

Pero estar en consonancia con las exigencias de un mundo cambiante y demandante no significa que debamos renunciar a lo que son principios innegociables y criterios con los que llevamos adelante nuestra vida.

Es más, mantener una personalidad firme, con principios y valores basados en la aceptación y en la justa valoración de cada una de las personas que te rodean, le da brillo a tu ser y generas a su vez el respeto de los demás hacia ti.

Como en tantas áreas de la vida lo ideal es el equilibrio, el mantenimiento de la armonía por más vendavales que se abatan sobre ti, teniendo siempre claro adónde apunta la aguja de tu brújula. Ese es el norte hacia el que debes dirigirte sin desvíos y sin atajos. Se te ofrecerán muchas alternativas para llegar antes, para sentirte mejor, con más fuerza y con más energía.

Posees cinco sentidos y son más que suficientes para disfrutar plenamente de todo lo que la vida te ofrece, por lo que debes ser muy cuidadoso y negarte a aceptar esos «supuestos atajos en el camino» que te harían llegar antes a la meta que te has propuesto.

Tú bien sabes que los éxitos se construyen peldaño a peldaño y no debes perder esta realidad de tu campo visual. El entorno tiene su experiencia propia y está bien que la disfrutes plenamente.

Sin embargo, lo que es exitoso para uno no necesariamente lo es para otro, por lo que debes ejercer la crítica constructiva y analizar qué es lo que contribuye a que puedas llegar antes a los objetivos que te has trazado y qué es lo que te retrasa para alcanzarlos.

A esta altura de nuestro diálogo virtual, habrás llegado a la conclusión de lo difícil que es el vínculo con nuestro entorno. No lo creas, no es así, no es tan complicado; somos nosotros quienes lo hacemos difícil porque nos cuesta mucho establecer los límites para no sentirnos invadidos. Si logras separar lo que es tu persona de lo que significa el mundo circundante, te será infinitamente más sencillo relacionarte con lo que te rodea.

Mantén siempre tu pensamiento como prioritario sobre lo que los demás creen o intentan hacerte creer. Sé justo en el análisis y, si compruebas que los demás tienen razón, entonces no tengas pudor en admitir que te has equivocado y que sumarás estos pensamientos a tu quehacer cotidiano. Recuerda que admitir los propios errores es una señal de humildad y de grandeza.

No es posible aislarse y generar un camino solitario en la vida; tampoco sería bueno, porque no solo tú sino todos necesitamos de los demás, para cotejar ideas y comprobar si la razón nos asiste o no. En este último caso, si la razón no está de tu lado, disponte a añadir pensamientos y acciones que, una vez evaluados, sientas que te aproximan más rápidamente a la meta que has elegido.

LO MÁS APASIONANTE DE LA AVENTURA DE VIVIR

Esa dinámica que tiene la vida es sin duda lo más bonito y lo más apasionante de la aventura de vivir. No hay rigidez, no hay solo un camino lineal, sino que la existencia nos enfrenta a sinuosidades permanentes en las que nos vemos obligados a tomar decisiones, desde las más intrascendentes y que nos pasan desapercibidas, hasta aquellas que son puntos de inflexión en nuestra vida.

No puedo saber cómo has vivido hasta el presente. Pero sí puedo invitarte a que te acerques a esta legión de hombres y mujeres que han comprendido el modo en que deben vincularse con su entorno. Cuanto más entiendan las personas el concepto de una buena autoestima, su modo de vincularse con los demás será mucho mejor y más saludable.

Hay quienes prefieren que decidan por ellos, porque de ese modo la vida les resulta más sencilla. Nadie tiene el derecho de juzgar esa decisión, que es estrictamente personal. Mi duda es cuánto tiempo resultará válida esta postura, y en qué momento la explosión violenta se va a producir.

Seguramente se originará cuando esa persona, que creía estar cómoda mientras otros resolvían por ella, tome conciencia de la pérdida casi definitiva de su identidad e intente recuperarla.

El problema radica en si está a tiempo aún de reconstruir esa identidad o si le tomará un lapso muy prolongado volver a encontrarse consigo misma. En este último caso, el jardín de su corazón puede serle de gran ayuda, porque, aun en medio de las lágrimas por el tiempo perdido, podrá reencontrarse con su verdadero ser y reiniciar un camino que dejó atrás por una decisión errónea.

Somos humanos y esto puede suceder; no por ello se es mejor o peor persona. Son momentos en la vida de un individuo en que la debilidad o determinadas circunstancias le llevan a «entregarse», con el convencimiento de que será mucho mejor que otros decidan por él, creyendo que podrá utilizar ese tiempo en actividades supuestamente más útiles para sus intereses.

La historia natural de la vida de esas personas indica que en realidad jamás utilizaron ese «tiempo libre» para algo útil. En realidad solo perdieron una parte importante de su existencia, hasta llegar al hartazgo y desear recuperar su poder de decisión con fervor.

Curiosamente, quien ha asumido ese rol «protector» se niega a entregar ese poder que ha ejercido durante ese tiempo, porque decidir por otros es una forma de manipular a quien, por debilidad, ha tomado un camino equivocado.

Esto genera conflictos muy severos, porque quien había resuelto seguir sin discusión lo que los demás o su pareja —lo más frecuente— decidieran, ahora quiere volver a adueñarse de su vida, lo que significa para quien gustosamente había asumido esa función una pérdida a la que no está dispuesto a enfrentarse. Se necesita ser muy sutil en esa negociación para la recuperación de la libertad de decidir por uno mismo.

¿Cómo te llevas tú con tu entorno? Desde ahora mismo te digo que todos los seres humanos tenemos áreas en las cuales nos desempeñamos con total soltura y otras donde tenemos serias dificultades para hacerlo. Uno de estos puntos puede ser tu manera de vincularte con el entorno.

Es decir, no se trata de si eres simpático o no, si te integras con facilidad a un grupo de personas o no, si eres divertido o el serio de la reunión; se trata de cuestiones más profundas, en el sentido de si eres muy permeable a la opinión o a las decisiones que toman quienes se relacionan contigo, o si eres capaz de mantenerte erguido aun bajo la presión de quienes comparten tu vida.

Quizá sin darte cuenta hasta que leas estos párrafos, creíste ilusoriamente que cuidabas de tu espacio y no te sentías desplazado por el pensamiento de los demás. Pero ahora que lo piensas bien y con más calma, llegas a la conclusión de que sí eres permeable en demasía a la opinión del colectivo, y que renuncias a tus pensamientos y creencias en función de lo que la mayoría considera correcto.

Hasta cierto punto no es grave, en el sentido de que todo puede ser recuperable. Lo fundamental es si ya has olvidado lo que significa tomar decisiones bajo tu exclusiva responsabilidad y te has dejado llevar por lo que los demás consideran que está bien. Si ese es el caso, te llevará algo más de tiempo volver a ser la persona que fuiste en una época de tu vida, y lo harás sin tener que sufrir necesariamente.

Ante todo deberás revisar tu nivel de autoestima, y escudriñar con detalle si perdura la confianza en ti mismo y si tienes respeto por tu persona. Estos dos ingredientes son fundamentales a la hora de analizar el modo en que te relacionas con los demás. Si eres una persona con una baja autoestima, tenderás a aceptar tácitamente lo que los demás te indican.

Por el contrario, un buen nivel de autoestima hace que analices concepto por concepto hasta llegar a la conclusión de que sí te sirve lo que te están diciendo, o desechas de plano la sugerencia. Esto no te coloca ni por encima ni por debajo de los demás; simplemente estás usufructuando tu lugar en el universo y defendiéndolo como corresponde.

A veces esto no se entiende bien y surge el pensamiento de que usar ese derecho es una señal de altivez y de desprecio por quienes te rodean. Cada ser humano tiene su visión de la vida y, en consecuencia, también puede tomar las decisiones que en cada momento crea adecuadas, sin perjuicio de lo que piensan los demás, aunque sea la mayoría.

Eso hace al ser humano un ser singular e individual, diferente a todos los demás. Es esa particularidad la que te da el derecho a disentir con el otro y argumentar a favor de tus pensamientos y sentimientos.

Nadie debería sentirse agraviado por ello; por el contrario, si de la diferencia de pensamientos podemos arribar a conclusiones que sean favorables para todos, bienvenida sea, pues estaremos demostrando una vez más que la suma de las concepciones de cada uno da como resultado una mejor posibilidad de comprender de qué manera vivir mejor, en la medida en que sepamos cómo utilizar esos resultados sin creer que lo propio es superior o mejor que lo de los demás.

Lo importante es aprender a cultivar un espacio de encuentro y a disfrutar asimismo de la experiencia inigualable de mirarse en el espejo de la propia alma, para saber que la realidad no tiene matices ni dobles interpretaciones. Esta es una sola y cada uno la mantiene tal cual es, o puede cambiarla con el objetivo de ser mejores personas cada día.

Los sueños desempeñan un papel preponderante en este ejercicio. Por un lado están aquellos que vives como muy lejanos y que no crees que se puedan realizar, y por otro, los que están al alcance de tu mano y que por diversas razones tampoco has podido cumplir.

Te digo que los primeros, aquellos que hoy aparecen como muy alejados, son posibles en la medida en que te centres en su cumplimiento y no distraigas tu atención.

Respecto a los otros, tienes que preguntarte si la influencia negativa de los demás, junto a tu permeabilidad, no son los responsables de tu frustración. Es preferible que te equivoques, pero que salgas de esa inmovilidad que no te permite disfrutar de las pequeñas cosas que la vida te ofrece, entre ellas los sueños que están a tu alcance.

MUÉVETE, PUES EL MUNDO Y LA VIDA TE ESPERAN

Frases como «no deberías hacer eso» o «tú no tienes la capacidad para lograrlo» calan hondo en quien absorbe esas determinaciones, generando un temor al fracaso y a la frustración que culmina con el pensamiento de «mejor ni siquiera lo intento». Quítate esa idea de la mente y ¡muévete, pues el mundo y la vida te esperan!

No es mi intención generar en ti un sentimiento de superhombre o de supermujer, pero tampoco lo contrario: dejar germinar en tu interior un sentimiento de minusvalía y de inferioridad, que lo único que logra es que te alejes de tu proyecto personal, si es que lo tienes, o de su elaboración, si estás en la mitad del trayecto.

Cuando me encontraba ideando este libro y poniéndole el título a los capítulos sobre los que quería escribir, este en especial tuvo una razón muy puntual.

Cada individuo busca su bienestar y su progreso en la vida por distintos caminos. Y esa individualidad, que por un lado es comprensible, por otro lado no lo es, debido a que en más de una oportunidad los logros se alcanzan desatendiendo los reclamos del entorno, con afirmaciones que son negativas para quien las recibe y las incorpora como una verdad indiscutible.

Este concepto se inscribe dentro de la importancia que tiene la definición de lo que tú quieres y necesitas para lograr el bienestar en tu vida. En la medida en que esto esté claro y definido para ti, la influencia del entorno comienza a ser infinitamente menor, permitiéndote de ese modo avanzar con mesura, monitoreando tus logros y tus fracasos, hasta llegar a los objetivos que te has trazado.

Sin duda, hay interferencias y obstáculos en la vida, pero no solo es inevitable que ellos existan, sino que no pueden ser excusa para abandonar el derecho que tienes de lograr aquello que te has propuesto. En algunos casos puede llevar años conseguir un equilibrio entre lo que quieres para tu vida y tu relación con el entorno.

Utilizamos probablemente demasiado tiempo tratando de explicar a quienes conviven con nosotros qué es lo que queremos y de qué manera pensamos conseguirlo. Eso hace que abramos de par en par la puerta para que cada uno vierta su visión sobre nuestros deseos, quitándole entonces claridad a lo que debería ser una propuesta única y personal. Escuchemos, sí, pero no nos dobleguemos ante la presión externa.

Quizá esta descripción de la realidad signifique un cambio radical en tu proceder hasta el presente, pero si lo haces verás más rápidamente los beneficios que esto te traerá aparejado. En primer lugar, te sentirás más seguro y más firme en tus elecciones y decisiones. Luego experimentarás la agradable sensación de que eres tú quien toma las decisiones en tu vida y a la vez te orientas hacia el punto que más deseas.

Quienes están a tu alrededor notarán tus cambios positivos de inmediato, lo que no quiere decir que no les llame la atención, porque ellos quieren que tú sigas siendo la misma persona que han modelado, y seguramente te tildarán de diferente, intentando convencerte de lo peligroso que es lo que estás haciendo. Tranquilo, pues eso es solamente su conveniencia, no la tuya.

No se trata de enfrentarse a quienes te han tratado hasta el momento de una determinada forma o demostrarles que no la deseas más, sino sencillamente mostrarles con los hechos y con tu conducta que un nuevo tiempo se ha instalado en tu vida, que tus decisiones corren por tu cuenta y riesgo, y que estás dispuesto a asumir las consecuencias de tus posibles errores.

Con el paso del tiempo te darás cuenta de que son muchos más los aciertos que los errores, y entonces habrás dado un paso gigantesco hacia tu libertad en la más amplia de las acepciones. A partir de ese momento, no volverás atrás y el respeto hacia tu cambio se hará cada vez más visible.

Hagamos un alto en este punto para que te tomes un tiempo solamente para pensar, preguntarte y responderte por qué pudiste haber sido una persona dependiente hasta el presente y con qué herramientas cuentas para continuar por el camino que has aceptado recorrer. En la vida no se trata de actuar de un modo improcedente, sino de indagar en las razones de nuestra manera de ser.

Nada ocurre porque sí o por casualidad. Aunque no las podamos visualizar, las razones siempre existen y es en el jardín donde el encuentro es más claro, más tranquilo y sin las interferencias del mundo exterior. Lo trascendente es que tú salgas fortalecido de estas reflexiones que con frecuencia deberás tener para llegar a conocerte con tus cualidades y con tus desatinos.

Dicho de otro modo, si hasta determinado día has sido de una manera específica, en ningún lugar está escrito que debas seguir actuando de esa manera. Recuerda que si utilizas los mismos modelos para manejar tu vida, siempre obtendrás los mismos resultados; por lo tanto, si quieres un final o un destino diferente tendrás que innovar, y previamente a ello deberás hacer un diagnóstico de tu situación, para saber a ciencia cierta dónde debes estructurar los cambios principales en la relación con tu entorno. Eso hará que centres tu atención en construir una relación sana, digna y de mutuo respeto.

Si lo comparas, verás que las relaciones con el mundo circundante se dan a todos los niveles y es en cada uno de ellos que tendrás que analizar dónde estás ubicado y de qué modo incide en tus determinaciones lo que ese mundo intenta ejercer sobre ti. Quizá esa presión sea escasa, o probablemente sea muy fuerte y tú hasta cierto momento no la habías percibido de esa forma.

Puedes darte cuenta solo o también pedir ayuda, en la medida en que requieras de una orientación que te permita ver con mayor claridad lo que está ocurriendo contigo y con tu existencia. En general, la sucesión continua de fracasos hace que sientas espontáneamente la necesidad de recurrir a ese apoyo, por un lado en la búsqueda de tu verdad, y por otro, para cobrar fuerza e instituir los cambios necesarios para que tu vida tenga otro brillo.

Dado que los fracasos son siempre episodios dolorosos, no es conveniente que tengas que pasar por esas experiencias negativas para resolver tu relación con el mundo. En la medida en que veas que tienes dificultades en alguno de los vínculos que conforman tu vida, de forma inmediata y sin más dilación, tienes que iniciar el camino de tu reconstrucción.

Si bien los fracasos son experiencias y de ellos se aprende, también es cierto que lesionan profundamente y generan una impotencia frente a los desafíos de la existencia. Es por ello que frente a la frecuencia de estas pérdidas se hace necesario actuar sin vergüenza y sin temor, a efectos de recuperar la dignidad que se ha visto avasallada por estos hechos de signo negativo.

¡Ni lo pienses!, ¡ni se te ocurra abandonar lo que te gusta, aquello que has elaborado a través del tiempo y deseas que se convierta en realidad en tu vida! Cuando te sientas confundido por las distintas opiniones que se vierten sobre ti y sobre tu futuro, recurre al encuentro del punto de tu bienestar. Cuando estés en él, tu pensamiento se aclarará, como el cielo se despeja y el sol brilla tras una gran tormenta.

¡No pongas excusas! Solemos manejar un diccionario de pretextos que no son otra cosa que pensamientos falsos, que postergan nuestra empresa, aturdidos por lo que piensa cada uno sobre lo que deberían ser los caminos por recorrer en el futuro. Antes que el futuro, está el presente, y en él tienes que centrarte.

UNA MENTE LIBRE, ABIERTA Y SIN INTERFERENCIAS

Es en este presente cuando armarás el puzle de tu futuro y para ello tienes que tener tu mente libre, abierta, sin interferencias. El objetivo no solo es hacer aquello que sueñas sino que encuentres en esa realidad que diseñas la satisfacción y el bienestar necesarios para alcanzar la armonía interior.

El mundo en el que vivimos no colabora en gran medida a que esto sea posible, por lo que se impone la necesidad de crear un espacio propio dentro de aquel en que vivimos, donde, protegidos, podamos construir la idea de cómo debería ser nuestra vida.

Este es el único mundo que tenemos, y en él estás involucrado de la misma manera que lo estoy yo y que lo están los millones de seres humanos que lo habitan. El esfuerzo personal contribuye en una medida muy pequeña a que este mundo mejore. Por lo tanto, es tu obligación centrarte en resguardar tu persona e intentar cumplir con tus sueños.

Desde ese lugar y cuando la armonía aflore en tu interior, podrás colaborar —como lo podremos hacer todos— con tu granito de arena para que el mundo deje de lado los enfrentamientos, las guerras, las muertes injustas, y podamos dedicarnos de lleno a mejorar la calidad de vida de quienes integramos este planeta.

¿Te parece que lograr la armonía interior es una utopía? Mira... vivir es por demás difícil hoy en día. Estoy de acuerdo con este pensamiento que seguramente revolotea en tu mente. Pero hay una salvedad. En el jardín de tu corazón no se escuchan los ruidos molestos que se producen en ese mundo convulsionado en el que vivimos.

Por consiguiente, es posible lograr esa armonía, esa paz interior y ese equilibrio emocional que es tan necesario para proyectarnos, no solo en el presente que vivimos sino también en el futuro inmediato. Es una invitación a generar una coraza o un chaleco antibalas que nos proteja de las situaciones que necesariamente nos involucran por ser los protagonistas de nuestra historia.

Sabes que es así. Y sabes que tu esfuerzo aislado no cambiará el mundo en el que vives, pero sí puedes construir una parcela que sea tu búnker, tu lugar secreto, donde consigas dar rienda suelta, como ya te he dicho, a todo lo que está en tu interior. Hablar contigo mismo es muy gratificante, porque si lo haces con sinceridad, hallarás en esa conversación unipersonal las respuestas que buscas quizá desde hace muchos años.

Se trata pues de implementar esta propuesta, para marcar con claridad los límites entre ese mundo que convive contigo y el tuyo. Lo ideal sería que nuestra relación con el mundo exterior nos reflejara fielmente en lo que es nuestro mundo interior. Esto no siempre es posible, porque hay distintos factores que inciden a veces duramente y nos obligan a sonreír cuando no tenemos ganas de hacerlo u oír opiniones sobre temas en los que no estamos ni por asomo de acuerdo.

Esto no es falsedad, sino puramente necesidad. Suele suceder en el ámbito laboral o con amigos, donde podemos no estar de acuerdo con decisiones tomadas por el liderazgo, por los mandos medios o por la mayoría de un grupo, y sin embargo debemos acatarlas porque dependemos de ese dinero para la supervivencia o para no generar una discusión estéril.

Callar no siempre es otorgar. Lo que
tenemos que saber es cuándo podemos dar nuestra
opinión y cuándo es mejor cerrar la boca.

Es, ni más ni menos, una cuestión estratégica. Uno puede
compartir muchas vivencias con personas con las que tiene
vínculos que no son muy fuertes pero que están en nuestra
vida por distintos motivos. Sin ser descorteses, nos guardamos nuestra opinión y de ella hacemos partícipes a quienes
piensan como nosotros y a quienes les interesa escuchar nuestro punto de vista.

Como ejemplo válido para ilustrar estos párrafos te con-
taré mi propia experiencia. Entré a trabajar en un banco
cuando apenas había cumplido quince años. Me integré sin
ningún problema, pero rápidamente me di cuenta de que los
intereses de mis compañeros eran muy distintos a los míos.
Eso no fue obstáculo para compartir actividades grupales y
disfrutar de ellas. Trabajé allí casi siete años pero a veces no
participaba de algunos encuentros, y nadie se daba cuenta de
mi ausencia.

Ya en esa época había creado un espacio de encuentro
interior para poder interactuar con mis colegas de la institución —por llamarlos de alguna manera—; en esa zona privada me explayaba en mis sueños y modelaba mi futuro. Eso lo
compartía con quienes yo elegía como interlocutores que
podían entender mi voluntad y mis deseos.

Te podrás imaginar que si comencé a trabajar a esa edad
fue por una necesidad económica familiar, en una época en la
que mis amigos disfrutaban plenamente de las vacaciones y
del verano. Sin embargo, eso que en un principio me afectó

mucho, porque no podía estar con ellos, me facilitó el acceso prematuro a una madurez de la que no me arrepiento, pues comencé a tener obligaciones muy pronto al formar parte de una organización que se regía por normas muy estrictas.

Rápidamente me adapté a ello, pero guardé siempre en esa zona mi deseo de estudiar Medicina, lo que tuve que postergar cuatro años, porque el trabajo tenía horarios que iban hasta la medianoche, lo que no me permitía asistir a clase. Puedo decirte que sentía una gran impotencia y frustración. No tenía alternativa, necesitaba el dinero y mi familia también.

Mi sueño estaba celosamente custodiado y yo sabía que, con esfuerzo y con perseverancia, lo acabaría cumpliendo. No importaba si era un año más, o dos, o cuatro, como fueron a la postre. Lo trascendente era no abdicar de la idea, no abandonar los sueños. Si le hubiera hecho caso al entorno, en este caso a quienes eran mis superiores en el banco, habría trabajado allí toda mi vida.

Sin embargo, siempre cumplí diligentemente con las obligaciones que me imponían, pero jamás abandoné la idea de continuar mis estudios. Fueron años de mucho sacrificio; iba de noche a los cursos que debía realizar para ingresar en la facultad. Nunca me quejé y nunca nadie supo lo que pasaba en mi interior. El mandato familiar no era modificable. Tampoco lo era lo que me imponía el trabajo.

La única alternativa era esperar el momento justo para poder dar el salto y hacer el cambio. Ni siquiera había podido terminar la secundaria cuando comencé a trabajar. Fui examinándome a medida que el tiempo me lo permitía, y hacía el esfuerzo de trabajar de día y estudiar de noche, hasta que tuve que enfrentarme a la encrucijada de continuar trabajando en el banco o ir a la universidad y buscar un trabajo nocturno que me permitiera subsistir.

No fue una decisión fácil, pues ese trabajo en el banco me proporcionaba una serie de beneficios que otro no tendría, pero mi firme vocación por la Medicina no me hizo dudar ni un instante de qué decisión tomar. Recuerdo que un día me enfrenté al jefe de personal; le dije que iba a ingresar a la Facultad de Medicina y que solicitaba una licencia de seis meses sin cobrar el sueldo a efectos de evaluar cuál sería el resultado de mi rendimiento académico.

Transcurrido ese período y con casi veintidós años a cuestas, tomé coraje y pedí el cese de un trabajo que en esa época —la década de 1960— era seguro para toda la vida. Recuerdo que no me importó perderlo, porque a partir de ese momento podía dedicarme de lleno a cumplir mi sueño, sin perjuicio de continuar trabajando, aunque con un salario bastante menor.

Tuve que abandonar muchas actividades que antes podía hacer, pero no me importaba porque mi principal inversión era comprar libros de estudio e intentar hacer la carrera a mi ritmo, contemplando las necesidades familiares —que no eran pocas—, pero con entusiasmo y visualizando el final del camino.

Te cuento esto porque obviamente me trae recuerdos de lo que fue mi primer trabajo y donde también por primera vez me las tuve que ver con mi entorno. Un entorno que tenía visiones diametralmente opuestas a las que yo manejaba, a pesar de mi corta edad.

Recuerdo que pensé que durante cinco días a la semana y durante seis horas y media más las horas extras de trabajo, yo debía congeniar con diferentes modalidades de pensar y de actuar y que tenía que hacerlo de forma inteligente.

Creo haberlo logrado porque cuarenta años después de haberme retirado, un día recibí una llamada de un excompañero que se había tomado el trabajo de convocar a la mayor parte de quienes integrábamos la plantilla de empleados de la institución, en una reunión social que llamó la atención de todos los citados.

Así se hizo, y ese primer encuentro —que luego se repitió año tras año— fue muy grato. El tiempo había pasado para todos, pero es curioso cómo cada uno mantenía la misma personalidad que cuatro décadas antes, y el diálogo con ellos me recordaba los momentos vividos en cada etapa de aquellos siete años compartidos en el pasado.

Te hago partícipe de esto con el fin de mostrarte que es posible hacer compatible la relación con el entorno y paralelamente mantener firmes nuestras ideas y nuestro objetivo, siempre y cuando lo tengamos bien definido.

ACEPTAR LAS REGLAS DE JUEGO

Las circunstancias de vida de cada ser humano son diferentes; yo tuve que aceptar las reglas de juego que imponía mi realidad, sin descuidar ni por un instante lo que ya había definido como el futuro que deseaba para mi vida.

No pude elegir en su momento, y tuve que postergar; pero hay algo curioso en todo esto y es que después de licenciarme como médico, con veintinueve años, nadie nunca me preguntó cuántos años tenía cuando terminé la carrera.

Algunos compañeros se licenciaron antes y muchos después que yo, por distintos motivos. A lo largo de la vida es imposible saber qué sucesos nos van a ocurrir, por lo tanto, lo fundamental no es cuándo sino cómo vas a cumplir tus sueños. No importa si tienes que posponerlos, pero nunca debes abandonarlos por circunstancias que no puedes controlar.

Abre bien los ojos y mira a tu alrededor. ¿Qué ves? Una multitud de seres humanos, algunos orgullosos de su esfuerzo y de sus logros y otros arrastrando una frustración muy grande por no haber podido cumplir sus deseos. Es a estos últimos, y espero que tú no te encuentres entre ellos, a los que quiero ayudar, a los que deseo orientar, a los que necesito decirles a viva voz que ¡se puede!

Algunos lo tienen más fácil que otros. Esa es otra de las circunstancias que no podemos elegir. Sin embargo, también vemos que aquellos que lo tienen todo servido en bandeja de plata muchas veces no aprovechan esa situación y malgastan su vida de diferentes maneras. El trabajo y el esfuerzo te dignifican. Y sí, hay renuncias, pero es bueno aceptar que todo no se puede tener en la vida, y la balanza te dirá qué va primero y qué puede esperar, o qué puedes eliminar de tu proyecto vital.

La relación con tu entorno no solo es inevitable sino que se da de forma permanente en cada acto de tu vida. Aprende a manejarte sagazmente con el entorno, respetando tus deseos y atesorando tus sueños. No olvides nunca el lugar ideal para mantener amparados tus pensamientos y tus sentimientos. No tienes que compartir todo lo que pasa por tu mente obligatoriamente.

Aprende a ser reservado y a comunicar solamente a aquellas personas que quieres cuáles son tus aspiraciones y cuáles los sueños por cumplir en el futuro. De ese modo, te evitarás muchos quebraderos de cabeza, opiniones y largos discursos acerca de lo que te conviene en tu vida.

En tanto mantengas en reserva tus pensamientos, quedarás libre para poder recabar todo tipo de consejos, posturas y visiones de las diferentes personas que componen ese entorno, sabiendo que en tu jardín está la verdad, la única que cobra valor en el momento en que tú decidas llevarla a la práctica.

Espero haber sido lo más claro posible en lo que se refiere a cómo debes relacionarte con el mundo en el que vives y con los individuos que lo integran. Ten siempre presente lo que emerge de tu mente; puedo asegurarte que el margen de error será el mínimo.

Abordemos ahora la segunda sección de esta obra y déjame decirte que me siento muy halagado por tu compañía.

¿Otro café? Esta vez, si lo deseas, me lo ofreces tú. ¡Ah!, y si hay a mano un trocito de chocolate para acompañarlo, mucho mejor.

SEGUNDA PARTE

UN VIAJE RUMBO A LAS ESTRELLAS

¿Has escuchado alguna vez que hay que vivir
con los pies en la tierra?
Seguramente sí.
Ahora quiero que conozcas muchas galaxias.
Quiero para ti un viaje rumbo a las estrellas.
El espacio te dará una visión más amplia de la vida.
Cada galaxia es diferente y en todas disfrutarás con plenitud.
¡El único riesgo en no desear volver a la Tierra!

4

El universo lo creas tú

Todos los seres humanos formamos parte del universo.
Sin embargo, el cosmos es de tu propiedad.
Sé creativo y busca lo mejor para ti.
¡Tu universo será único y en él te deleitarás!

Todos los seres humanos formamos parte del universo. No obstante, cada uno de nosotros puede establecer el suyo propio. ¿Cómo hacerlo? ¿Por dónde se empieza? Quizá para cada hombre y cada mujer esta particular creación sea diferente. Depende en buena medida de cuáles sean las prioridades de cada uno.

En las primeras etapas de la vida recibimos pasivamente un cúmulo de informaciones que guardamos con cuidado en nuestra memoria y que van modelando nuestra personalidad. A medida que crecemos y nos desarrollamos, aportamos también nuestra visión del universo que integramos.

Es en esa búsqueda constante por encontrar nuestra verdad que nos embarcamos en la aventura de vivir con los elementos con que contamos. Y aquí comienza un largo periplo, cuyo destino depende de lo claro que tengamos que, si bien es cierto que el universo existe y lo componemos, cada uno de nosotros puede erigir el suyo y ponerle su sello personal.

Aquí se define nuestro futuro, porque los caminos son muy precisos y muy distintos al mismo tiempo. Podemos seguir simplemente las coordenadas del universo global o respetar el que hemos fundado a nuestra medida. Pero ¿qué significará respetar el nuestro? ¿Significa dar la espalda a las leyes de ese universo global? No, no sería lógico pensar así, porque existen leyes universales que no se pueden ignorar pero, aun respetándolas, podemos trazar nuestra trayectoria de cara al futuro.

¿VALE LA PENA SER DISTINTO A LOS DEMÁS?

Esta cuestión requiere de una actitud muy seria y de una voluntad inquebrantable. Introducir en nuestra vida un universo propio y hacerlo compatible con el que manejan la mayoría de los hombres y las mujeres habla ya del elevado precio de ser diferente. ¿Valdrá la pena ser distinto a los demás? ¿No estaremos expuestos a la crítica despiadada de quienes no comparten esa postura?

Es posible que sí, pero si somos coherentes con lo que pensamos y con lo que sentimos, estaremos en condiciones de soportar la presión a la que nos veremos sometidos. Son decisiones muy personales y que solemos tomar en el marco de nuestra intimidad, y muy posiblemente en el seno del jardín de nuestro corazón.

Tan importantes son que condicionan el resto de nuestra vida, debido a que, a partir de esas contingencias, los caminos de la existencia se bifurcan. Uno de ellos es el de la autonomía y el respeto por nuestros principios, y otro —probablemente el más fácil de recorrer— es el de estar de acuerdo con la mayoría y no cuestionar absolutamente ninguna de las posiciones ajenas.

No se trata de aislarse de las personas con quienes se comparte cotidianidad, pero sí es aconsejable tener un plan que te vaya aproximando lenta y firmemente a las metas que te has propuesto. Generar un universo propio es lograr espontáneamente el diálogo interno tan necesario en el mundo moderno. Ese ejercicio tan sutil tiene que transformarse en tu universo, con independencia del que tú y todos constituimos.

En mi libro *Entre tú y yo,* me extendí en el concepto de cómo una pareja puede crear un mundo propio, un lenguaje corporal común y cómo, con el paso del tiempo, la lectura de la mirada es suficiente para saber lo que la otra persona piensa y siente.

A modo de ejemplo y utilizando nombres al azar, supongamos que Florencia conoce a Ricardo en una fiesta que se desarrolla en la época más fría del año, en invierno, en el marco de un hermoso jardín interior. Allí él le ofrece un té de hierbas naturales acompañado de un trozo de chocolate con almendras.

Este detalle puede parecerte intrascendente, pero la infusión con su complemento se convertirá, con el paso del tiempo, en un símbolo de ese primer encuentro para estas dos personas. Comienzan a hablar, tienen muchos intereses en común y pasan así buena parte de la velada.

Vuelven a encontrarse varias veces, y Ricardo le pide a Florencia que sea su novia. Esta pareja va creciendo en su amor y al tiempo ya elabora un proyecto de futuro y su entendimiento es cada vez más profundo.

Ella ya no lo llama Ricardo sino Ricardito, y él tampoco la llama más Florencia sino Flopy. ¿Qué ha sucedido entre estas dos almas que hasta hace un tiempo eran absolutamente desconocidas entre sí? Lo que ha pasado es que, quizá sin proponérselo, han logrado, con el encanto del amor, edificar un universo propio, con sus sentimientos, con su vocabulario, con sus miradas. ¿Puede haber algo más hermoso que esto?

Ellos seguirán interactuando con sus amistades, pero además habrán conseguido generar un espacio casi mágico, en el cual su comunicación tiene una marca ajustada a lo que ha sido la profundización de su vínculo, en este caso amoroso. Solo ellos la entenderán y le irán añadiendo vocablos que representen las vivencias que van compartiendo.

Este es un claro ejemplo de cómo podemos generar un universo personal, individual, y hacerlo totalmente compatible con nuestra vida social, laboral o familiar. Te insisto en que la idea no es el retraimiento, sino tener un mundo propio donde puedas movilizarte con total comodidad, y asociarlo al cumplimiento de tus obligaciones de interactuar con el entorno.

¿Cuáles son las ventajas de habitar en un universo pensado y construido por ti? En primer lugar, estarás generando un hábitat propio, en el cual podrás pensar, sentir, dialogar y sacar conclusiones de tu desempeño en la vida. Este universo estará enmarcado en el jardín de tu corazón.

¿Qué pensarás? Revisarás tu pasado y lo evaluarás; analizarás tu presente y verás cuál es el grado de satisfacción con la vida que llevas adelante. Pensarás en tu futuro y en qué pretendes del porvenir.

Delinear la intención que tienes para tu existencia

Delinearás la intención que tienes para tu existencia. Quizá ya la tengas clara, o será el momento adecuado para el inicio de una reflexión que te lleve a visualizar cómo te gustaría estar de aquí a un tiempo prudencial, por ejemplo dentro de un año.

Sentir es la percepción que tienes de todo lo que vives. La meditación te llevará a considerar de un modo diferente el escenario donde se está desarrollando tu vida, con una óptica más optimista y más acorde con tus propósitos.

Del diálogo interno ya hemos hablado extensamente en otros libros de mi obra, pero no está de más remarcar la importancia que tiene el conocimiento interior, a efectos de cultivar el espacio de encuentro periódico que debes mantener para proteger tu armonía. El universo que tú creas, y dentro de él tu jardín, serán testigos del encuentro con lo más puro de tu ser.

Practica frecuente e intensamente esta conversación contigo mismo, porque de ella extraerás enseñanzas que te impulsarán hacia un futuro mejor, al descubrir capacidades y potencialidades que guardas y que deberán estar siempre listas para ser utilizadas cuando sea necesario.

Muchas personas pueden pensar que esta idea de generar un universo personal es algo fantasioso o está fuera de lugar. Sin embargo no es así. En un mundo donde prácticamente nadie se detiene a preocuparse por lo que le pasa a quien tiene a su lado, construir un universo personal se transforma en una fortaleza que nos protege de las agresiones externas.

Si profundizamos en esta abstracción conjunta que estamos haciendo tú y yo, llegaremos a la conclusión de que somos los artífices de nuestra realidad y que buena parte de lo que nos pasa y de lo que no queremos que suceda depende absolutamente de nuestros actos. Esto parece una carga muy pesada porque siempre atribuimos a hechos fortuitos nuestros fracasos y las consiguientes frustraciones.

Sin embargo, si bien estos hechos fortuitos existen y tienen su parte de responsabilidad en el resultado de nuestras acciones, no es menos cierto que con frecuencia nos ponemos una venda en los ojos para no ver lo que sucede y de esa manera aliviamos nuestro sentimiento de culpa en el resultado final de nuestro proyecto de vida.

Tienes fortalezas y también debilidades. Es probable que nunca te hayas detenido a pensar cuáles son unas y otras. Pues bien, ha llegado el momento de iniciar esta investigación; no olvides que el propósito fundamental es cultivar el encuentro en ese espacio que has creado y con la mayor frecuencia posible.

Puede que tengas claro cuáles son tus fortalezas; pero como a nadie le gusta hablar o saber de sus debilidades, quizá no las tengas bien definidas. Estoy de acuerdo con que detenerse en las debilidades propias no es nada agradable, pero sí estrictamente necesario para trabajar sobre ellas y extraer conclusiones que te ayuden a adquirir, con el tiempo, baluartes para impulsarte a concretar tus metas y que las carencias no te frenen.

En la medida en que identifiques estas impotencias que postergan el descubrimiento de tus fracasos, no solo lograrás mejores resultados sino que estos hallazgos obrarán como una fuerte motivación para seguir hurgando en los lugares más ocultos de tu alma, y vencer definitivamente al enemigo interno que todos albergamos.

Me refiero a esa voz interior que te detiene a la hora de actuar, haciéndote creer que no eres capaz y que deberías abandonar lo que te has propuesto. Es un mensaje sutil pero constante que va destruyendo la creatividad y el deseo de progresar, porque acabamos escuchando siempre esa voz y ese mensaje tan negativos.

Busca un espejo y mírate de cuerpo entero

¿Cómo detenemos esa voz interior? Lo primero es buscar un espejo, mejor si puedes verte de cuerpo entero. Frente a él te preguntarás si mereces el modo en que estás viviendo.

Mira tu rostro y saca tú mismo las conclusiones. ¿Qué ves en él? ¿El ceño fruncido? ¿Una expresión de tristeza y de preocupación? ¿Arrugas que no se corresponden con tu edad? Ya tienes la mitad del diagnóstico realizado. La expresión corporal y el lenguaje gestual no mienten jamás. Son el fiel reflejo de lo que transcurre en tu interior.

Este simple ejercicio te va a situar en estado de alerta. Algo está sucediendo en tu interior que te impide avanzar y tienes la sensación de estar inmóvil, atrapado, y no ves a nadie a tu alrededor que te brinde la ayuda que necesitas.

Es tu enemigo interno el que está actuando, quizá desde hace mucho tiempo y sin que tú lo percibieras, hasta realizar este simple ejercicio de verte tal cual eres. Pero con esto no es suficiente. Hecho el diagnóstico —o por lo menos una parte de él—, ahora tienes que tomar la decisión de combatir a ese enemigo, que es muy fuerte y que se ha alojado en tu interior para obstruir el camino hacia tu bienestar.

No debes hacer nada de forma intempestiva. Se impone pensar. ¿En qué debes pensar? Lo primero es intentar ir hacia atrás en tu historia personal y ver si puedes recordar algún episodio en que ese enemigo haya podido instalarse en lo más profundo de tu ser.

Como suele suceder, puedes haber tenido uno o más episodios traumáticos de los que fuiste protagonista, voluntario o no, y esas circunstancias fueron el comienzo de un juicio extremadamente crítico acerca de ti mismo o de una pérdida progresiva de tu autoestima. No debes apresurarte a sacar conclusiones, porque no resulta fácil identificar ni cuándo ni cómo empezó a actuar este enemigo.

De lo que no hay duda es de que si ese enemigo se instaló en ti es porque en ese momento tú estabas débil y eso abrió de par en par las puertas para que cualquier concepto de minusvalía acerca de tu persona fuera bien recibido, porque tú mismo no creías en tus fortalezas.

Pero no se trata ahora de sumar más frustraciones a las que ya tienes, sino todo lo contrario: erradicar definitivamente esa voz que te detiene, que te hace dudar una y otra vez, y avanzar paso a paso para reconocer con humildad cuáles pueden ser tus dificultades.

También es posible que, a pesar de tus esfuerzos, no puedas detectar ni cuándo ni cómo esa voz que representa la ineficacia y la ineptitud encontró un lugar en tu conciencia y actuó libremente hasta el presente. En ese caso procederás sobre el presente, evitando que en el futuro su murmullo tenga el resultado que persigue y que no te es favorable.

Estamos de acuerdo en que todos tenemos esa voz interior en mayor o menor grado, y que debemos desarrollar la tarea de desenmascarar a quien se opone de forma constante a nuestros esfuerzos por progresar, por definir con claridad qué es lo que queremos y necesitamos para nuestra vida.

Su erradicación es una tarea que lleva su tiempo, debido a que nadie puede cambiar sustancialmente de un día para otro. Pero ser conscientes de ella inevitablemente arrojará resultados positivos y será una motivación más para comenzar ya, y no mañana, o en un futuro sin fecha, el abordaje de este tema.

EL INICIO DE UNA NUEVA ÉPOCA EN TU VIDA

A propósito, ¿ya has encontrado el espejo? Recuerda que es el primer peldaño hacia el objetivo que nos hemos marcado. A veces los procedimientos más sencillos arrojan resultados extraordinarios, sobre todo porque marcan el inicio de una nueva época en tu vida. Olvídate de emitir juicios acerca de las huellas que ha dejado el tiempo vivido, o sobre cómo tu rostro ha cambiado. Lo que buscas es confrontar lo que sientes en tu interior con lo que te devuelve la imagen del espejo.

Este ejercicio es complementario de lo que hacemos cuando abrimos nuestro corazón y nuestra alma frente al mismo espejo, para encontrarnos con lo mejor de nuestra persona.

Aquí solo analizaremos lo que tu cara refleja y, créeme, es mucho lo que encontrarás. Si lo que ves te provoca llanto, déjalo fluir: es una señal de que te has conmovido contigo mismo.

Las lágrimas recorrerán tus mejillas y lavarán y arrastrarán parte de ese pasado de fragilidad que puedes haber tenido.

Ahora estamos en otra etapa, que es la de construir una sonrisa porque estás vivo, y eso debe producirte una gran alegría. Es lo prioritario, sin la vida nada de lo que estamos hablando tiene sentido. Ahora que has secado tus lágrimas, darás paso a la hora del recuerdo, la hora de introducirte en el jardín de tu corazón para pensar libremente y sin ataduras sobre la historia de la que fuiste protagonista.

No creas que existen seres humanos invulnerables. No los hay, te lo puedo asegurar. Todos, en algún período de nuestra vida, hemos tenido etapas de gran decaimiento. Es algo similar a lo que sucede cuando el ejército de defensa del organismo declina o nuestro sistema inmunológico es avasallado. En esas circunstancias las enfermedades se instalan con gran facilidad, porque no tienen nada que las detenga.

Cuando hablamos de vulnerabilidad, nos referimos a nuestro sistema emocional. Cuando está frágil, el enemigo se instala cómodamente y comienza a actuar con rapidez, destruyendo, de forma lenta pero persistente, nuestra autoestima en sus dos componentes: la confianza en nosotros mismos y el respeto hacia nuestra persona.

Sin esas dos herramientas se hace muy problemático avanzar en la existencia. Pero el tiempo pasa, y hasta que no nos demos cuenta de lo que nos está rebasando, el desastre puede ser mayúsculo.

De ahí que la edificación de un universo propio deba estar precedida de la expulsión definitiva de ese enemigo, para que el trayecto por recorrer quede libre de maleza y poder así cumplir nuestros sueños. Como comprenderás, no es posible dar un paso adelante y dos para atrás, que es lo que ese enemigo interno siempre intenta que te suceda.

HAY ALGO DENTRO DE TI QUE TE PARALIZA

El enemigo es muy hábil y debes detenerlo por todos los medios. Justo cuando logres admitir que hay algo dentro de ti que te paraliza, que te frena, que no te permite avanzar, y consigas identificarlo, allí habrás puesto la piedra fundamental de tu nueva identidad, e irás obteniendo una visión mucho más panorámica de lo que es tu presente y tu futuro.

Me parece que vas apreciando los múltiples beneficios que tiene el hecho de tomarte un tiempo para crear un universo propio y utilizar el jardín de tu corazón en este ejercicio impostergable, que es valorar en su justa medida el grado de bienestar que exhibes y, sobre todo, qué es lo que tu ser interior te expresa.

Es curioso, pero a la mayoría de los hombres y las mujeres les cuesta sobremanera iniciar estos ejercicios, aunque una vez comenzados se convierten en los minutos preferidos del día. No estamos acostumbrados al silencio, a escuchar los sonidos de la naturaleza, ni siquiera los ecos que susurran desde lo más profundo de nuestro ser.

Es tan rica esta experiencia, que nos permite pensar que aquellas personas que buscan de forma permanente el bullicio y el ruido ensordecedor no lo hacen solamente porque les gusta, sino que en el fondo están escapando de sí mismas, porque no son capaces de tolerar un espacio de silencio y de encuentro consigo mismas.

No es una crítica, simplemente una apreciación, una mirada desde el exterior. Quizá no lo sientan aún como necesario, pero estoy convencido —por el diálogo que he mantenido con un elevado número de hombres y mujeres— de que la razón fundamental no está en que no les haya llegado el momento, sino que tienen un profundo temor de encontrarse con aristas de su personalidad que rechazan, y entonces les resulta más sencillo no admitirlo.

¿Cuál es el problema implícito en esta actitud? No solo refleja una inmadurez franca sino que inexorablemente llegará el día en que el balance se volverá necesario y en la medida en que estas personas lo posterguen, se encontrarán con más aspectos negativos de su forma de ser, lo que les puede provocar una sensación muy desagradable y tomar conciencia de que la tarea de reconstrucción es mucho mayor de lo que creían.

Esa es la finalidad de la creación del jardín de tu corazón. No esperes indefinidamente a entrar en él o a que circunstancias muy adversas te impulsen a hacerlo, pues entonces la carga de ansiedad y angustia será tal que teñirá tu reflexión de una subjetividad que te dificultará apreciar tu realidad en su justa medida.

Esto vale para todos los ámbitos de la vida. Prevenir y anticipar aquello que sí podemos ver se impone con el fin de no sufrir inútilmente cuando los sucesos ya han ocurrido. También es cierto que hay muchos episodios en tu vida que no podrás vaticinar, pero de eso se trata, al menos tener despejado el camino para saber dónde están tus pies en el escenario de tu existencia.

Hay algo que me sorprende y es la rapidez con que transcurren los días, los meses y los años. Puede ser que la intensa actividad haga que no nos demos cuenta de ello, pero es que no solo pasan esos años, sino que lo que pasa es la vida misma.

Ello nos obliga a una meditación acerca de nuestras expectativas y de nuestro destino. ¿Tendremos el tiempo necesario para poder realizar todo aquello que nos hemos propuesto? También te pregunto: ¿sabes cuáles son los objetivos de tu vida? Aquí los detractores de esta idea pueden argumentar: «para qué voy a hacer planes, si en cualquier momento puedo despedirme de este mundo».

Es cierto, eso puede suceder, pero no es lo habitual. En términos generales, a los seres humanos nos gusta hacer planes, mirar hacia el futuro, concretar metas, y para ello debemos hacernos propuestas e intentar cumplirlas. A medida que notamos cómo pasan tan rápidamente los años, cabe hacerse la pregunta del párrafo anterior: ¿tendremos el tiempo necesario para poder ver nuestros sueños cumplidos?

No tengo la respuesta, creo que solo D'os* puede ofrecérnosla. Es por ello que no debes perder lastimosamente el tiempo, quejándote o atribuyendo tus incapacidades a la acción de quienes se interponen en tu camino. Para ellos el tiempo pasa también, pero es su problema.

El tuyo es darle forma a tu universo personal, que funcionará como el marco adecuado para que puedas, desde hoy mismo, dar inicio a la tarea de encontrarte con tus propuestas.

---

*Por razones de tradición, la palabra Dios ha sido escrita D'os.

LA VIDA SE VIVE UNA SOLA VEZ

La vida se vive una sola vez y vuelvo a insistir en que transcurre con una rapidez mucho mayor de lo que deseamos. Eso nadie lo puede cambiar. Es una realidad incontrastable. Lo que sí podemos es saber que es así y actuar en consecuencia.

En las grandes ciudades, incluso en algunas más pequeñas, el estrés de la vida cotidiana es cada vez mayor. Por ejemplo, el tránsito es mucho más complejo debido a la enorme cantidad de vehículos que se desplazan por ciudades que fueron diseñadas para un tránsito totalmente diferente del actual.

No importa analizar la cantidad de vehículos, sino qué es lo que ello provoca en el conductor, que podemos ser tú o yo. Hay un desgaste de energía muy grande, solamente intentando llegar a nuestro lugar de trabajo, regresando a nuestro hogar o al tener que realizar actividades que forman parte de la agenda diaria de cualquiera de nosotros.

Pero pasa lo mismo con un medio de transporte colectivo. Nunca nos detenemos a pensar en cuánta de la única energía que tenemos la dejamos allí, en ese ir y venir constante que marca la rutina cotidiana.

Esta puede ser una buena razón por la que no encontramos el espacio o el tiempo para mirarnos en el espejo del alma. Cuando volvemos a casa, nos encontramos con un cúmulo de situaciones que se han desarrollado durante el día y a las cuales también debemos prestar atención. ¿Qué nos queda, entonces, en términos de tiempo real, para cultivar un espacio propio?

Parecería que muy poco o nada, porque no podemos extender las veinticuatro horas que tiene un día. Bien, si esta es la realidad, tenemos la obligación de hacer el máximo esfuerzo por cambiarla. No puede ser que solo pongamos nuestra energía vital al servicio del tránsito o de los problemas cotidianos.

Atenderlos sí, pero sin olvidarnos de que somos seres humanos y que merecemos darnos un espacio para nuestra distensión y para reencontrarnos con la armonía necesaria con el fin de avanzar por los caminos de la existencia.

Lo que quiero explicarte con estos ejemplos es que, vayamos por donde vayamos, finalmente siempre llegamos a la conclusión de que generar ese lugar íntimo, al que llamamos «el jardín de tu corazón», es una cuestión de sentir, ante todo, que es estrictamente necesario para poder relajarnos del exceso de tensión que soportamos en el ajetreo diario.

¿Qué pasará si no percibimos esa necesidad? Van a suceder varias cosas: nuestras emociones serán cada vez más negativas y se traducirán en irritabilidad, hipersensibilidad, susceptibilidad y vulnerabilidad ante mínimas agresiones. El cuerpo físico acusará con rapidez todo aquello que no pudimos controlar en nuestro cuerpo emocional, y comenzarán a aparecer síntomas y signos que denotarán que hemos perdido la armonía.

¿Cuál es la respuesta entonces? Acudimos al médico, que no tiene demasiado tiempo para detenerse a averiguar cómo es la vida de su paciente, y nos tomamos una serie de medicamentos para «apagar el incendio» que se ha desatado en nuestro interior.

En ese conjunto de medicamentos, vamos a encontrar ansiolíticos, antidepresivos, inductores del sueño, bloqueadores de la secreción de ácido clorhídrico por parte de las células del estómago y seguramente también alguna crema para un trastorno que ha aparecido en nuestra piel.

Eso significa que no hemos resuelto absolutamente nada. Solamente vamos a mitigar los molestos síntomas que nos aquejan y que no nos permiten cumplir «con normalidad» con nuestras obligaciones. Pero no nos detenemos a preguntarnos: ¿qué es «con normalidad»? ¿Lo normal es que para trabajar o estudiar tengamos que depender de un fármaco que nos baje las revoluciones o que nos las suba porque no podemos con nuestra vida?

Y para que el fuego no suba de nuestro estómago a través del esófago y se instale en la garganta, ¿tenemos que tomar medicamentos que bloqueen la secreción del ácido que contribuye al proceso de la digestión de los alimentos?

¿Hasta dónde hemos llegado que conceptualizamos todo esto como algo natural? ¿No sería mejor tomarse un tiempo para llegar a las causas que están provocando este desequilibrio que puede traer consecuencias nefastas para nuestra salud?

¿Sabes cuándo lo pensamos? Cuando no tenemos otro camino que consultar al médico porque con las soluciones caseras o los consejos de los vecinos y amigos no hemos podido resolver nuestras dolencias.

Pero veamos... todo lo que es externo a tu persona no lo podrás modificar. Seguirán existiendo los factores estresantes que buscarán por todos los medios desestabilizarte. Pero tú puedes trabajar sobre tu actitud frente a estos factores. La construcción de un universo propio y del jardín de tu corazón permitirá conformar el refugio perfecto para mitigar en buena medida los efectos deletéreos que tiene la lucha por una supervivencia digna. Y digo digna en el sentido de la preservación de nuestra salud, sin la cual nada tiene sentido.

Yo te desafío a que me cuentes cuántos medicamentos tomas que no sean específicamente para determinadas enfermedades que los requieren. Si tienes una hipertensión arterial, una diabetes, un problema cardiovascular, neurológico o de otro tipo, no está en discusión la necesidad de tomar rigurosamente los remedios que te ha indicado tu médico de cabecera. Pero yo me refiero a aquellos que serían perfectamente prescindibles siempre y cuando pudiéramos tomarnos el tiempo para descubrir la verdadera causa que provocó que se nos recetaran esos fármacos, y trabajar sobre ella.

No existe medicamento que no tenga efectos colaterales, indeseables o secundarios. Por supuesto que siempre valoramos el efecto positivo por encima de aquellos indeseados.

Hay enfermedades de la modernidad que tienen que ver con el uso de la tecnología —que también produce un estrés desmedido— y de todas las situaciones que nos involucran aunque no estemos en medio.

LOS BENEFICIOS DE LA CREACIÓN DE UN UNIVERSO PROPIO

Es por todo esto y mucho más que crear un universo propio evitará el uso indiscriminado de drogas, que ya no serán necesarias; recordemos además que consumirlas de forma continua genera una dependencia que resulta luego muy difícil de abandonar.

Repito: lo que es necesario no está en discusión. Yo me

refiero a todos aquellos comprimidos o gotas que se adminis-
tran por situaciones que no son lo suficientemente estudiadas
porque no se considera al ser humano como un ser integral,
con su cuerpo físico y sus emociones íntimamente ligados
entre sí.

Un universo propio te permitirá cultivar ese espacio de
encuentro en tu vida que te alejará de la urgencia de consumir
medicamentos perfectamente evitables.

Espero, querido lector, haberte dado suficientes argumentos para que consideres el beneficio que puede otorgarte
el tener un universo propio y tomarlo como el amparo necesario, sobre todo en tiempos difíciles, o cuando sientas que
las circunstancias que vives en lo cotidiano te desbordan
inexorablemente.

Es probable que para ello tengas que cambiar algunos
modelos de comportamiento y tomar decisiones que te alla-
narán el camino. Aprenderás a ver el mundo y tu propia vida
a través de una óptica diferente. Erigirás un muro de contención que te pondrá a salvo de los misiles que a diario recibes
y que por cierto no son para halagarte.

Justamente, iremos al encuentro de la transformación de
los paradigmas, eje central de este proceso de actualización
de tu desempeño en la vida. Al final de este capítulo te digo
que todo lo que te sucede se puede explicar de más de una
forma. Si lo admites y lo incorporas, habrás dado un gran
paso hacia delante.

Nuevamente, gracias por seguir avanzando a mi lado. Tu
compañía me estimula a seguir hablando nada menos que de
lo más maravilloso de la Creación... la existencia humana.

Gracias, sabía que ibas a decir que sí.

5

La transformación de los paradigmas

Te mueves en el mundo con ciertos paradigmas.
Ellos te han conducido hasta aquí.
Es la hora de que veas si son los correctos.
Si no es así, debes transformarlos.
¡No temas, lo mejor de tu vida está por venir!

Para transformar los paradigmas, primero debemos definir esta palabra. Solemos usar el vocablo «paradigma» cuando hablamos de modelos o de ejemplos. En el caso específico de esta obra, los interpretaremos como los modelos de comportamiento o de conducta que manejamos hombres y mujeres en nuestro quehacer diario.

¿Cómo vinculamos estos paradigmas con el jardín de nuestro corazón? La forma en que nos conectamos con todo aquello de lo que formamos parte tiene que ver con determinados modelos aprendidos a lo largo de nuestra vida, desde los primeros años.

¿Qué importancia podemos atribuir a estos modelos en el resultado de nuestras acciones y decisiones? La importancia es mucha, ya que actuamos y reaccionamos siempre con los mismos patrones de conducta, y ello nos lleva a dos destinos opuestos: el éxito o el fracaso en el cumplimiento de nuestras propuestas.

Los modelos o paradigmas están basados en creencias profundamente arraigadas en cada uno de nosotros. Nuestra forma de responder frente a los desafíos de la vida suele llevarse a cabo con el mismo modelo. Yo me atrevería a afirmar que actuamos casi automáticamente, esgrimiendo siempre herramientas similares. Y no está mal que así sea.

Si está bien o si nos equivocamos lo podemos saber cuando analizamos los resultados de nuestros actos. Allí sí cobra un valor trascendental el evaluar cómo hemos actuado y si logramos avanzar o no en nuestros propósitos. Si los resultados son positivos y eso nos deja contentos, apenas habrá nada que cambiar.

Ahora bien, si los resultados son negativos, y sobre todo si esos resultados negativos se reiteran en el tiempo y en distintas áreas de nuestro desempeño (el trabajo, el amor, la familia, los amigos...), se impone con urgencia revisar esos paradigmas con los cuales hemos llevado adelante buena parte de nuestra vida.

Los primeros grandes obstáculos

Y aquí aparecen los primeros grandes obstáculos, porque no solo tendremos que revisar esos modelos que conforman en buena medida la estructura de nuestra personalidad, sino que con seguridad nuestra misión será cambiarlos, añadirles o quitarles elementos que se estén interponiendo en nuestros deseos.

¿Por qué hay obstáculos? Podríamos pensar que cuando algo no está bien, o no funciona adecuadamente, lo más lógico es proceder a su cambio de forma inmediata. Sin embargo, cuando hablamos de modelos o paradigmas, las soluciones no son tan sencillas.

Los cambios en la vida provocan una gran inestabilidad emocional, porque a veces surge inexplicablemente el temor a lo que vendrá en el futuro. Recordemos que cambiar implica entrar en un espacio desconocido y eso nos genera una gran inseguridad por no saber de antemano cuáles serán los resultados de esa modificación.

En todos los ámbitos de la vida, necesitamos saber con anticipación cómo nos irá, cuál será el resultado de esos cambios. Pero quizá lo más maravilloso de la aventura de vivir es que ese conocimiento previo no es posible y siempre que tomamos decisiones debemos esperar un tiempo prudencial para poder valorar el impacto que tienen sobre nuestra persona y sobre aquellos a quienes involucran esas contingencias.

La vida sería mucho más predecible si pudiéramos saber previamente el resultado de cada uno de los miles de movimientos que hacemos a diario en el escenario de nuestra existencia. Pero el gran desafío es apelar a la lógica y a la intuición para intentar ser certeros a la hora de emitir juicios, de trazarnos un camino por seguir, o elecciones trascendentes que condicionan nuestro presente y nuestro futuro.

¿Cuándo se vuelve imprescindible la transformación de los paradigmas? Algo ya he adelantado. Cuando percibas que la mayor parte de las metas y los objetivos que te has propuesto no llegan a buen puerto es el momento ideal para revisar esos paradigmas que has enarbolado hasta el día de hoy.

Si la sensación que tienes es que vas sumando fracasos en distintas áreas de tu interacción social, tienes que detenerte y disponerte a entrar en el jardín de tu corazón para tener un encuentro contigo mismo, y así discernir entre lo que crees estar haciendo bien y los resultados que no se adecuan a tus expectativas.

Puede ser que por estar tan inmerso en tus actividades y en tus problemas no te hayas dado cuenta de que el mundo va cambiando muy rápidamente, y que de forma paralela a esos cambios —que generan un aturdimiento del que hay que intentar aislarse—, tú continuaste poniendo en juego los mismos modelos que te han acompañado durante buena parte de tu vida.

CREAR NUEVOS MODELOS O PARADIGMAS

Los fracasos, con sus consiguientes frustraciones, son una señal de alarma, que te advierte de que con urgencia tienes que iniciar el necesario proceso de reingeniería personal, tendente a crear nuevos paradigmas que sean los pilares fundamentales de tu posicionamiento en el mundo actual.

En un principio te sentirás como atolondrado porque no sabrás qué hacer primero: si sufrir y llorar por tus fracasos o intentar comprender qué está pasando en el mundo del que eres parte y establecer una estrategia proclive a introducir cambios, a veces radicales, en los paradigmas con los que te has manejado hasta el momento.

Si analizas el orden en que he puesto las posibles reacciones que puedes tener, te darás cuenta de que en último lugar he indicado la posibilidad de establecer los cambios necesarios para tener un mejor resultado. Y no es casualidad que lo haya puesto ahí, ya que no te sucede solo a ti, sino a todos los que en algún momento hemos tenido que afrentar estos cambios de paradigmas.

Desde el principio no sabemos a ciencia cierta hacia dónde debemos dirigirnos. También ignoramos si lo podremos hacer solos o necesitaremos una orientación. Lo que sí sabemos es que nos comportamos de una determinada manera y que esta no nos ha dado los resultados que esperábamos.

Asimismo sentimos que no podemos continuar así, y eso nos genera una gran ansiedad porque necesitamos y queremos los resultados ya, como si pudiéramos conseguirlos por arte de magia. Eso no sucederá. Será un proceso lento, pues hay que derribar viejas concepciones e integrar las nuevas, que permitirán movilizarse con mayor soltura y con mejores resultados finales, que es lo que en definitiva buscamos.

Tampoco creas que tendrás que desechar todo lo que has puesto en juego hasta ahora. No, cuando hablo de cambios me refiero a sustituir aquellos paradigmas que han quedado obsoletos o que hoy no te ayudan a obtener los resultados que mereces. Pero hay principios y valores que no tendrás que tocar. Estos se mantendrán a lo largo de toda tu vida y resisten cualquier tipo de cambio que se instaure en el planeta.

Eso es algo que quizá los más jóvenes no han llegado a comprender en su más profundo significado. No hay duda de que son muchísimas las cosas que han cambiado y también es cierto que poseer una buena capacidad de adaptación a esas transformaciones es una herramienta extremadamente útil para estar a tono con el mundo actual.

Pero una cosa es cambiar algunas creencias y otra muy diferente es arrasar con todo lo anterior, en la errónea creencia de que los llamados «viejos», de forma despectiva, son anticuados y manejan principios y valores que han caducado. Y atención porque ese viejo puede tener hoy cuarenta o cuarenta y cinco años. Ni hablemos de aquellas personas que tienen más de sesenta.

LA SABIDURÍA Y LA EXPERIENCIA DE LOS AÑOS VIVIDOS

Lo que no se tiene en cuenta es la sabiduría y la experiencia que los años vividos le otorgan al ser humano. Y a pesar de esos profundos cambios que todos experimentamos, la historia de los seres humanos no difiere tanto, por ejemplo, entre un siglo y otro. No hablamos de los avances científicos y tecnológicos sino del hombre o de la mujer en sí mismos, sus alegrías, sus tristezas, sus miedos y sus inseguridades respecto al futuro.

No hay grandes diferencias entre lo que hoy sentimos quienes vivimos en este siglo XXI y lo que sintieron aquellos a quienes les tocó vivir a mediados del siglo XX. Lo que quiero expresar con esto es que no debes tener la percepción de que nada de lo que has hecho ha servido, que tienes que tirar todo por la borda y comenzar de cero otra vez.

Esto no es así y, si me lo permites, te guiaré para que puedas eliminar aquellas creencias que ya no te son útiles, y en esos espacios libres que irán quedando, acomodaremos nuevas formas de pensar y de crear. Te aseguro que el jardín de tu corazón es un espacio vital para lograr estas transformaciones. Para cambiar o transformar algo, es necesario primero saber qué necesitamos modificar.

¿Cuál será la guía que nos lleve de la mano a identificar las afirmaciones que fueron una verdad para nosotros durante buena parte de nuestra vida?

La guía fundamental será desmenuzar una por una las situaciones que has catalogado como fracasos en tu intento por acceder al bienestar que mereces. Sí, quizá sea un procedimiento algo doloroso, pero creo que es la única manera de alcanzar tu verdad, a través de recordar cómo te has sentido cada vez que tu mundo se derrumbaba ante ti.

Irás anotando cuidadosamente esos episodios oscuros de tu vida y los confrontarás con tu comportamiento. De esa comparación extraerás conclusiones que te permitirán circunscribir lo que has hecho bien y lo que no ha resultado como tú querías.

Es en este último punto donde debes detenerte, porque es precisamente a partir de esas deducciones que podrás aproximarte con certeza a instituir los cambios que necesitas.

INVOLUCRARTE DE LLENO EN EL PROCESO DE RENOVACIÓN

Dejar de lado lo que has venido haciendo durante tanto tiempo no te resultará nada sencillo, pero sí posible. No te queda otra alternativa que involucrarte de lleno en este proceso de renovación, que tiene como objetivo no solo que te sientas mejor, sino que los resultados que persigues sean satisfactorios para ti.

Una de las maneras menos traumáticas de hacer esta investigación de tu vida es clasificar los episodios sin luz de tu pasado o del presente de acuerdo con las áreas a que corresponden. Por ejemplo, si la mayor parte de las dificultades las has tenido o las tienes en el área afectiva, serán esos paradigmas los que tendrás que cambiar. Sin embargo, puedes ser muy exitoso y estar muy conforme con tus resultados en lo profesional. En estos casos vuelvo a insistirte: no habrá necesidad de introducir modificaciones, porque el nivel de satisfacción con lo que haces es bueno o muy bueno.

Esto ya es un estímulo muy fuerte, pues puedes apreciar que el cambio no necesariamente tiene que ser radical o total, sino que solo deberás circunscribirte a aquellos aspectos de tu quehacer cotidiano que te generan mucha frustración por no poder resolverlos adecuadamente.

Ahora bien, hemos avanzado en cuanto a qué modelos o paradigmas nos disponemos a transformar. Lo que espontáneamente surge como pregunta adicional es: ¿cómo hacerlo? En este punto se impone una mirada profunda a tu pasado, para reconocer qué puedes haber hecho mal durante tanto tiempo.

No es que lo hayas hecho adrede o porque voluntariamente fuiste en busca de ese final desfavorable, sino que debes tener presente que para que una determinada situación te afecte profundamente tienen que conjugarse una serie de hechos, que se encadenen entre sí hasta desembocar en lo que tú vives como un distanciamiento del lugar adonde te habías propuesto llegar.

Lo que antecede no alivia tu carga. Es cierto. Pero es una explicación de cómo se dan los hechos en nuestra vida y cuáles son las circunstancias que nos estimulan a comenzar por lo menos a pensar en el cambio de alguno de los muchos paradigmas con los que enfrentamos los desafíos de la existencia.

Veamos ahora, querido amigo, cuáles serían los pasos por seguir, una vez que hayas llegado a la conclusión de que los cambios se imponen. Como bien sabes, nadie es capaz de cambiar de forma inmediata y mucho menos en lo que se refiere a creencias y paradigmas.

Por lo tanto, se requiere ante todo que germine en tu interior la convicción de que el cambio es estrictamente necesario. Ese es el primer paso. Una vez que la convicción está firmemente arraigada en tu mente, con seguridad tendrás una sensación de temor frente a lo desconocido que se avecina.

Este sentimiento es «normal» —para llamarlo de alguna forma—, porque abandonar viejos patrones de conducta, con los cuales te has manejado hasta hoy, e incorporar nuevos, te generará una gran incertidumbre, debido a que a priori no puedes saber si esos cambios son los adecuados o si te ayudarán a cumplir tus sueños más elevados.

¿Cómo combatimos ese sentimiento primario que se presenta ante algo tan importante como la transformación de los paradigmas? Te sugiero que pienses en qué es lo peor que puede pasar. La situación más adversa que podrías vivir es que no funcionaran los nuevos modelos y que el resultado volviera a ser negativo para tus intereses.

Por supuesto que esto es muy frustrante, pero seguirás estando vivo y eso te dará una nueva oportunidad de seguir buscando los paradigmas correctos, que sean los que realmente necesitas. Nunca olvides que la principal herramienta que tienes es la vida misma. Con ella tendrás siempre al alcance de la mano las posibilidades más amplias.

Lo que nunca debes permitir es que gane la desesperación. Como te dije unos párrafos más arriba, el cambio de paradigmas es un proceso en el curso del cual hay una transición que debes respetar.

¿Qué significa una transición? La transición es el período de tiempo que se ha dado entre la persona que eras hasta que esta crisis o este derrumbe emocional se instaló en tu vida, y la visualización de la nueva identidad que construirás, basada en la transformación de algunos de tus paradigmas.

Una vez que sientas la íntima convicción de que así no puedes seguir viviendo, la motivación y el impulso estarán listos para el inicio de la búsqueda de nuevos paradigmas.

Una de las tantas formas de hacerlo es evaluar en qué has fallado e inmediatamente erradicar ese comportamiento para intentar uno nuevo, aunque te sientas extraño haciéndolo. Ten siempre presente que lo peor que puede suceder es que obtengas el mismo resultado.

LOS CAMBIOS DE PARADIGMAS EN LAS ADICCIONES

La experiencia señala que en un altísimo porcentaje de las situaciones el cambio adquiere rápidamente un carácter positivo, lo que incrementa notoriamente tu voluntad de seguir buscando, por caminos diferentes, el acceso a tu bienestar. Un ejemplo bien claro de la importancia de los cambios de paradigmas son las adicciones.

Tanto en el tabaquismo como en el alcoholismo, en la drogadicción o en la obesidad, no existen fármacos que puedan revertir de forma definitiva tales adicciones. Si bien algunos de ellos ayudan a quien está intentando dejarlos, los cambios de paradigmas son los elementos fundamentales para tener éxito en el intento.

En eso mismo podemos observar la dificultad de romper un modelo de comportamiento que viene arrastrándose durante años, por eso el instrumento fundamental es hacerse la propuesta de «solo por hoy». Es el mandato de los grupos organizados a tales efectos y que se apoyan mutuamente en la búsqueda de los mejores caminos para cambiar los comportamientos negativos.

Me parece una excelente idea. La encuentro no solo original sino también efectiva porque no obliga a la persona a un compromiso de mediano o largo plazo. Renovando día tras día el esfuerzo, se afianza la convicción y finalmente el control se logra.

Tú debes hacer algo similar. Elige un nuevo paradigma y ponlo en práctica el día que tú mismo, haciendo uso de tu libre albedrío, decidas que es el día uno de tu proceso de cambio. Para entonces ya habrás puesto en práctica el encuentro con tu ser interior en el jardín de tu corazón pues habrás de partir de una base sólida para enfrentarte al cambio que necesitas.

El primer día te sentirás inestable porque la ansiedad por conocer los resultados de tu esfuerzo te generará una sensación de desasosiego. Sin embargo, sabiendo que se presentará, será mucho más fácil de controlar. Estás saliendo lenta pero firmemente de tu proceso de transición y te diriges hacia la nueva identidad que pretendes.

Como no vives solo, sino que compartes tu existencia quizá con tu familia y con compañeros de trabajo y amigos, es lógico que te preguntes: ¿qué pensarán los demás de mis cambios? o ¿cómo los recibirán?

Por el momento eso no debe quitarte el sueño, porque tu vida es tuya y, a pesar de que no puedas evitar que los demás emitan un juicio respecto a tu nuevo comportamiento, ello no debe afectarte. Lo único que debes evitar es instituir paradigmas que perturben a quienes te rodean día tras día.

En ello siempre has de ser cuidadoso. Con tu vida puedes hacer lo que deseas o lo que te venga en gana. Pero siempre tienes que sopesar tus actitudes y ver cómo ellas repercuten en aquellos con quienes compartes tu vida. Y cuando digo «repercuten» me refiero a si tu nuevo modo de ver la vida los daña emocionalmente.

En la medida en que comprendas que cambiar no significa llevarse el mundo por delante y decirte a ti mismo «total, no me importa nada», tu entorno no solo notará tus cambios sino que también los recibirá bien, porque los demás te verán más sonriente, con más esperanza y con una expectativa que hasta ahora no tenías.

LOS CAMBIOS NO SON PARA QUE LOS DEMÁS LOS APRUEBEN

No tienes que cambiar para que los demás te aprueben, pero como vivimos en una sociedad con la que interactuamos, debemos tomar ciertas medidas para que las transformaciones no sean tomadas como una agresión hacia los demás. Siempre habrá que pagar un precio por ser diferente.

Y aquí justamente lo que tienes que ser es diferente a como eras hasta hoy. El precio del cambio se traducirá en soportar las críticas o las opiniones de quienes piensan que mejor te hubieras quedado en el mismo lugar en que estabas, o con el mismo comportamiento que tenías. Es allí donde debes mantenerte firme porque el juego de fuerzas será muy intenso.

Lo más importante es que te sientas cómodo con estos primeros cambios que estás poniendo en práctica. Si lo logras, no te será difícil contener los embates de quienes no están de acuerdo con ellos. Tu vida es propiedad privada, y los resultados que obtengas como consecuencia de tus acciones también son tuyos.

Yo me pregunto si todos los que se atreven a opinar acerca de los cambios que hacemos por necesidad están a nuestro lado cuando fracasamos y asumimos las frustraciones que nos quitan las ganas de vivir. Siempre están prestos a la crítica, pero son incapaces de tender una mano fraterna a la hora de contener o comprender a quien está sufriendo por sus propios errores, o porque es víctima de la malicia de otras personas. Por ello es aconsejable ubicarse en el camino del medio. Ser respetuoso con los demás, pero también con uno mismo.

A medida que vayas profundizando en tu transformación, de forma paralela te irás sintiendo más seguro con ella y será la plataforma de lanzamiento de tu nueva manera de encarar tus compromisos, sean del tipo que sean. El objetivo final siempre será que te sientas bien con cómo actúas y que lógicamente los resultados sean ahora favorables.

Uno de los acicates más fuertes para los cambios es que los paradigmas utilizados hasta el presente no fueron los adecuados. ¿Cómo lo sabes? Lo intuyes a través de los resultados obtenidos. Fracasos, frustraciones, depresión, la creencia de que no habrá posibilidad de recuperación. Sentimientos y emociones que contribuyen muy poco para iniciar el proceso de transición.

Fíjate que no te sugiero que seas insensible y que los malos resultados obtenidos no te afecten. No serías humano si así fuera. Pero no puedes amilanarte frente a la adversidad. Tienes un potencial que quizá desconozcas y ahora ha llegado el momento de ir en su búsqueda para ponerlo a trabajar a tu favor. Ese potencial es, entre otras cosas, la capacidad que tienes de incorporar nuevos paradigmas a tu vida.

No existe un manual de cómo hacer las cosas en esta apasionante aventura de vivir. La lógica y la intuición se unen en el intento del ser humano de cumplir con sus obligaciones de la mejor forma posible. Hay veces que encontramos el camino correcto y otras no. Es el juego natural y normal de la existencia de hombres y mujeres.

CUANDO UNA PUERTA SE CIERRA, OTRA SE ABRE

Aun equivocándote puedes volver a empezar, con nuevas oportunidades y con nuevas maneras de encarar tus obligaciones. Cuando una puerta se cierra, siempre hay otra que se abre para que puedas pasar por ella y encontrarte con lo que has estado buscando desde hace tanto tiempo.

Si la vida fuera totalmente predecible, no solo resultaría extremadamente aburrida, sino que no habría desafíos que enfrentar y a la vez no utilizaríamos nuestra mente para tener nuevas ideas y elaborar proyectos; asumimos así una actitud de progreso y desarrollo personal que inevitablemente nos favorecerá a nosotros y a quienes dependen de nuestra presencia. Lo que más deseo es ayudarte a controlar el temor al cambio.

Como ya te comenté, en la esquina donde tengo mi consulta médica hay un quiosco que vende artículos de distinta naturaleza. Eso no es llamativo, sin embargo lo más curioso es el pizarrón donde aparecen frases y pensamientos que me obligan a pensar y repensar mi desempeño cotidiano.

En el momento en que estoy escribiendo este capítulo, y más precisamente en el día de ayer, la frase en el pizarrón rezaba: «El primer paso no te lleva a la meta elegida, pero te mueve de donde estás».

Entre el quisco y la entrada a mi consulta hay una manzana. Te confieso que me quedé pensando en la verdad que encierran esas palabras y en lo importante que es dar el primer paso y moverse de donde uno está. El moverte te da, desde el primer momento, una perspectiva totalmente distinta de lo que estás viviendo.

Y eso sucede porque puedes tener una visión diferente. Es como si por unos instantes salieras de tu propio cuerpo y te vieras como si fueras otra persona. Ese momento mágico es el momento del clic, es el instante cuando tomas absoluta conciencia de que así no puedes seguir y que, sí o sí, la transformación de algunos de tus paradigmas se impone sin más demoras.

Puedes pensar que no serás capaz de lograrlo y miras a tu alrededor y te preguntas: ¿cómo lo hacen los demás? No hay protocolos rígidos en cuanto a cómo introducir las transformaciones en tu vida. ¿Por qué? Precisamente porque son de tu vida en exclusiva, por lo que la actitud o el coraje de otros no es extensible a ti.

Tú tienes tus tiempos para la reflexión y para ir a la búsqueda de tu punto de bienestar. Cuando logres serenarte y tener asumido qué es lo que te sucedió y qué es lo que te sucede en el presente, diseñarás tu propio plan de acción y elegirás cuál o cuáles de tus paradigmas tienes que cambiar. Es totalmente secundario si otros lo lograron antes que tú o si lo hicieron por otro camino.

La historia personal de cada hombre y de cada mujer es diferente. Y esa historia condiciona el modo en que actuamos a la hora de enfrentarnos a los cambios sustanciales en nuestra vida. Creencias, responsabilidades, culpas, miedos: todo se une para que los tiempos sean estrictamente personales.

Del mismo modo que una persona se viste para una fiesta en quince minutos y otra para ir al mismo lugar necesita una hora para acicalarse, aquí tampoco debes sentirte menos porque otro haya logrado cambiar el rumbo de su existencia rápidamente. Tú no conoces su pasado ni su historia personal ni qué la ha movido a realizar esos cambios tan drásticos.

RESPETA TU TIEMPO

Respeta tu tiempo. Respeta el modo en que te ha tocado vivir hasta hoy. De todas las experiencias, aun de las dolorosas, se aprende, y eso es lo que conforma una individualidad que no puede compararse a la vivida por otra persona.

Siento que ya estás percibiendo el impulso interior que te indica dónde están tus puntos débiles y qué tienes que mejorar para obtener resultados más acordes con tus expectativas. Irás controlando el temor y lentamente este desaparecerá en la medida en que avances en el camino de tu reconstrucción como persona inteligente que eres.

En todos los ámbitos de la vida, los primeros pasos son siempre los más complejos y los más arduos. Una vez que abandonamos nuestra zona de confort y literalmente nos lanzamos al espacio, ya resulta más fácil mantener el equilibrio y dirigirnos sin dudas hacia nuestro objetivo final.

En la vida real es comparable a los niños pequeños que dan sus primeros pasos; también les cuesta mucho al principio y se caen, se golpean y lloran, pero no por ello abandonan el intento de lograrlo. Finalmente lo consiguen y una amplia sonrisa se dibuja en sus rostros. Es la felicidad de haber conseguido algo tan importante por sus propios medios.

Así tienes que sentirte tú. Como un niño pequeño que da sus primeros pasos en el intento de alcanzar la posición erecta. Inestable al principio, pero afirmándote y yendo tras tus sueños, ahora con otra serenidad y otra convicción.

La convicción de que ¡sí puedes! No hay sensación más maravillosa que experimentar que eres capaz de algo. Tendrás que esforzarte y extremar tus cuidados pero la recompensa está al final del camino.

Nuevos paradigmas son sinónimo de una nueva vida. Una nueva forma de vida, manteniendo los principios y los valores que sustentaron tu existencia hasta el presente, pero erradicando creencias y modelos que por distintas circunstancias han quedado anclados en el pasado y que te están exigiendo una actualización.

No serás otra persona, seguirás siendo la misma con otra flexibilidad, con otra soltura y con otra capacidad para absorber las naturales dificultades que la vida te presentará. Los nuevos paradigmas serán los instrumentos más versátiles para que puedas lograr aquello que te hace sentir más feliz, disminuyendo significativamente la posibilidad de equivocarte.

Siempre habrá obstáculos en la aventura de vivir. Es inevitable, pero dependerá de tu capacidad para sortearlos el que puedas, a pesar de ellos, alcanzar el equilibrio emocional y la armonía interior. No puedes esperar a que el universo esté totalmente alineado contigo para sentirte bien con la vida. Si así fuera, te darías cuenta de que tu existencia pasó de largo sin siquiera advertirlo.

La vida pasa rápidamente. Percibimos que los años, aunque son iguales entre sí, transcurren cada vez con mayor rapidez, mientras nosotros observamos ese devenir absortos en nuestros pensamientos y en nuestras limitaciones.

Libera tus ataduras y prepárate ya para el cambio. Te he entregado las herramientas necesarias. De ti depende ahora ponerlas en práctica. Sabes que cuentas conmigo si me necesitas para un apoyo, para una palabra, para una orientación. No estás solo. Sé perfectamente lo que significa y lo que conlleva un cambio de paradigma en la vida de un ser humano.

Por ello me parece muy importante introducirlo en esta obra. Buena parte de tu futuro depende de que seas capaz de modificar tu manera de pensar y tu manera de ver la vida. Esa vida que se vive una sola vez y que incluye el mandato de que sea lo más agradable posible.

No depende de otro sino de ti mismo. Los demás pueden acompañarte en ese camino, pero nadie puede recorrerlo por ti. No dejes que la vida pase delante de tus ojos y al abrirlos ya sea tarde. El tiempo es hoy, no mañana o algún día.

Cuanto más esperes, más difícil se te hará cambiar. Utilizarás todo tipo de pretextos, que no son otra cosa que eso, excusas para seguir atrapado en una red que no te permite avanzar y que ata tus manos y tu mente. Trata de pensar con libertad, pon en la balanza lo positivo y lo negativo y saca tus propias conclusiones. ¿Es esta la vida que quieres continuar llevando? Respóndete a ti mismo. Nadie sabe mejor que tú lo que necesitas para sentirte bien.

Lo que te pido es que lo hagas. Que no dejes pasar más tiempo. Ni la vida espera, ni la salud espera ni las emociones cambian por arte de magia. La conducción de tu existencia está en tus manos. Llévala por los mejores caminos, aquellos que te permitan levantarte cada mañana y agradecer al Creador por estar vivo y poder decidir qué es lo que quieres hacer.

Creemos que todo se nos otorga porque lo merecemos. Y no es así. Somos muy ricos si tenemos una buena salud, si podemos pensar acerca de nuestra vida y de cómo nos sentimos con ella. También somos extremadamente afortunados si la existencia nos da la posibilidad de cambiar algunas cosas que sentimos que no merecemos o que no nos hacen bien. No te preocupes porque no estarás asumiendo una posición de egoísmo. Todo lo contrario, estarás defendiendo tu legítimo derecho a ser feliz.

Hasta aquí hemos llegado tú y yo en este intento por cambiar los paradigmas. Vamos a ir al encuentro, siempre en tu compañía, del respeto por tu dignidad, otro factor fundamental para resolver este complejo crucigrama que es vivir.

Descansemos, pongamos el marcador en esta página. Te invito a otro café, porque puedo notar en la distancia cómo te sientes. ¿Sabes? A mí me moviliza mucho escribir sobre estos temas, por ser un usuario de la vida como tú. Así que yo también necesito un café bien caliente.

Ah, eso sí, no solo sino con algo dulce para acompañarlo. ¿Qué se te ocurre? Es un mimo que nos otorgamos al final de cada capítulo. ¿No crees que nos lo merecemos?

6

El respeto por tu dignidad

Eres libre de elegir tu camino en la vida.
Puedes modelarlo a tu voluntad.
Para ello tendrás que tomar decisiones.
Ejerce la libertad que posees y ¡piensa siempre en tu futuro!

Analicemos el título de este capítulo: «El respeto por tu dignidad». Se refiere al respeto por tus pensamientos y sentimientos. Ellos generan emociones en ti. Tienes que conocerlas y manejarlas, o transformarlas si sientes que te hacen daño. Eso es ejercer el respeto por tu persona.

Vayamos ahora a la dignidad. Eres un ser racional y además tienes la libertad de decidir sobre tu presente y tu futuro. Claro está que para ello debes tomar decisiones sobre algunos puntos que son claves en la existencia de todo ser humano. Si sumas ambos conceptos —el respeto por tus emociones y la libertad que posees de modelar tu existencia—, comprenderás cabalmente lo que es la dignidad.

Hasta aquí las definiciones y la teoría sobre este punto importante del libro. Sin embargo, en la realidad, ¿cuántas veces se ve vulnerada nuestra dignidad? La pregunta es si ese atropello se produce con nuestra anuencia, o si a pesar de tomar conciencia de que estamos siendo avasallados no somos capaces, por diferentes circunstancias, de actuar en consecuencia.

No estoy aplicando un juicio de valor acerca de la situación en la que se puede encontrar una persona. Por ahora solo estoy observando desde fuera lo que le puede suceder a cualquier hombre o mujer que vea restringido su derecho a la libertad, o a decidir, de acuerdo con su buen entender, cómo quiere vivir su vida.

A primera vista podría parecer que esto no presenta escollo alguno. Cada individuo es independiente y teóricamente podría decidir respecto a su destino. En la realidad las cosas son bien diferentes y más allá de esa noción de dignidad personal que deberíamos gestionar, vemos con frecuencia situaciones en que esas libertades están cercenadas por personalidades manipuladoras, que ejercen sobre sus víctimas una presión incontrolable por la que en ellas desaparece literalmente el concepto de dignidad.

LA RESPONSABILIDAD COMPARTIDA

¿Quién es el responsable en este escenario que estoy planteando? Aquí hay un compromiso compartido. Por un lado, quien ejerce ese poder, y por otro, quien permite, con la cesión permanente de espacios, que esa dignidad se haga trizas y que con el paso del tiempo ni siquiera llegue a comprender de qué se trata.

El jardín de tu corazón es puntualmente el espacio ideal para la recuperación de tu dignidad. En él entrecerrarás los ojos para pensar en tu realidad y sobre todo en qué lugar ocupas en tu propia vida. Sí, tal como lo estás leyendo: el lugar que ocupas en tu propia vida.

Y esto que digo tiene una razón muy específica. Como a vivir mal puedes también acostumbrarte, ese error que se comete con elevada frecuencia te aleja progresivamente del contenido mismo de la palabra dignidad; entonces, el primer trabajo es recuperar el sentido de esa palabra.

Para ello es necesario encontrar un espacio de tranquilidad, sin interferencias, sin voces que alteren tu pensamiento, con el fin de encontrarte con lo más íntimo de tus sentimientos y tus emociones y seas capaz de hablarte a ti mismo solo desde la verdad.

Te confieso que este encuentro puede ser duro, porque cabe la posibilidad de que tropieces con que hace ya mucho tiempo que has abandonado el concepto de dignidad y que ni siquiera tengas idea de cómo recuperarlo. Bueno... a partir de ahora y con mi compañía, iremos a la búsqueda de esa dignidad perdida y de su rescate.

Estás en el jardín de tu corazón y yo estoy, por supuesto, fuera de él. Pero desde mi terreno te voy a realizar algunas preguntas que, a medida que las vayas respondiendo, te aproximarán al lugar donde un día lejano en el tiempo enterraste esa dignidad que hoy quieres recobrar:

- ¿Cómo es tu vida hoy?
- ¿Cuándo fue la última vez que te sentiste bien con la vida y con la libertad que mereces?
- ¿Qué crees que pasó entre esa última vez y en cómo te sientes hoy?

- ¿Qué has hecho al respecto para mejorar tu estado emocional?

Las respuestas a estas cuatro preguntas te darán la clave para que puedas circunscribir cómo y cuándo fuiste perdiendo la dignidad en el curso de tu existencia.

Veamos la primera pregunta: **¿Cómo es tu vida hoy?**

¿Qué responderías? Recuerda que estás ubicado en el jardín de tu corazón y que puedes hablar, gritar, enfadarte si es necesario, porque es tu lugar y es allí donde puedes dar rienda suelta a todo lo que sientes. Es fundamental que seas totalmente sincero en las respuestas, porque ello te ayudará a ver con claridad meridiana dónde estás situado en el presente.

LA AGRESIÓN PSICOLÓGICA DESTRUYE LA DIGNIDAD

Quizá hayas callado durante mucho tiempo y a la vez hayas soportado invasiones de todo tipo, sin reservarte tu espacio para reflexionar sobre todo lo que estabas perdiendo, tolerando una y otra vez la agresión a tu dignidad. Porque hay muchas maneras de agredir a una persona. No solo la física, que es la más visible, sino la psicológica, la sutil, la que destruye la dignidad, la más maligna de todas.

El cúmulo de compromisos sea posiblemente el responsable de que hasta hoy no te hayas detenido a generar esa zona privada que mereces, a impedir que tu dignidad sea siempre vapuleada con tu aprobación tácita, o simplemente porque has optado por el silencio para no agravar aún más la verticalidad de tu caída.

Atención, no te estoy juzgando, no soy quién para hacerlo. Solo te señalo algunos puntos con los que quizá te sientes identificado y que puedes tomar como referencia para iniciar el camino de la recuperación de tu decoro.

Lo que has vivido ya no tiene reparación alguna. Piensa de hoy en adelante, de esta página del libro hacia el futuro de tu vida. Y no quiero que te gane la ira, el resentimiento o el odio, porque eso no ayuda en nada a lo que estamos buscando afanosamente tú y yo. Si lo hiciste o lo permitiste, por alguna razón será, y de eso ya nos ocuparemos también. Ahora lo único que te pido es que reconozcas con sinceridad cómo estás posicionado en el escenario de tu vida.

Tómate tu tiempo porque sentirás un nudo en la garganta que no te dejará pensar con la libertad que necesitas. Pero es necesario, es imprescindible que lo hagas para desnudar tus debilidades y tus carencias.

Actualmente: ¿crees que estás viviendo con la dignidad que mereces? ¿He puesto el dedo en la herida abierta que tienes? Te pido disculpas por ello, pero mi misión es ayudarte a abrir bien los ojos para que puedas ver tu realidad sin interferencias de ningún tipo.

Si está todo correcto, puedes saltarte los últimos párrafos. Pero como sospecho que algo o mucho no está bien en tu vida, ha llegado el momento de introducirnos de lleno en el cometido de encontrar dónde ha quedado tu dignidad, para luego incorporarla de nuevo y definitivamente a tu vida.

ENTRA EN EL TÚNEL DEL TIEMPO

Ahora le llega el turno a la segunda pregunta: **¿Cuándo fue la última vez que te sentiste bien con la vida y con la libertad que mereces?** Aquí te invito a entrar en el túnel del tiempo y que pongas a prueba tu memoria, para poder determinar el momento crítico en que comenzaste a perder la dignidad y cuáles fueron los motivos para permitirlo.

No es de ningún modo mi intención causarte más dolor del que ya tienes, porque sé cómo te sientes, pero es importante determinar las circunstancias que te llevaron a abandonar esa dignidad, la misma que significaba un estandarte con el que identificaras tu integridad y con el que defendías tus más elementales derechos a una vida lograda.

Identificar esa época de tu vida te permitirá analizar las causas que pueden haber sido las responsables de esa progresiva entrega de tus espacios para que otros los tomaran y tu dignidad se haya esfumado. Porque siempre debes tener en cuenta que cuando entregas un espacio, hay alguien que lo ocupa y no precisamente en tu beneficio.

Ese momento en que todavía te sentías con la libertad de decidir acerca de tu destino marca un antes y un después en el curso de tu existencia y también te permitirá reconocer que no todo ha sido negativo, sino que, como todo ser humano, has tenido un período de debilidad del que se han aprovechado para cercenar tu dignidad y tu libertad.

Libertad entendida en el sentido de ser tú quien decide cómo quieres que sea tu futuro y quien tiene la libertad de ser como quieres ser, sin limitaciones y sin agresiones que bloqueen tu pensamiento y tu acción. Habitualmente estas restricciones se van dando lenta pero progresivamente, hasta llegar a un punto en que no sabes ni dónde estás ni hacia dónde debes dirigirte.

Vuelvo a insistir: ¿recuerdas algún episodio que haya podido marcar el inicio de esta debacle que se instaló en tu vida? Como te dije unos párrafos más arriba, el valor de detectarlo es que tanto tú como yo nos centraremos en ese período entre cuando eras el dueño de tu destino y lo manejabas con dignidad y el presente en que te encuentras devastado por una realidad que te está costando mucho cambiar.

Al acotar este lapso, nos resultará más fácil revelar las causas que pueden haberte llevado a considerar, por ejemplo, que esa dignidad no era tan importante y que podría ser hasta conveniente que otros decidieran por ti, lo cual al principio te pudo haber hecho sentir más cómodo, pero con el paso de los años comprobaste que resultó ser un muy mal negocio.

Pero no hay lugar para los lamentos y las quejas, sino que tenemos que volcar toda nuestra energía en la recuperación de esa dignidad, que es la bandera con que te presentas ante el mundo, generando ante todo el respeto que mereces.

Y cuando me refiero al mundo, estoy hablando tanto de las personas de tu círculo más íntimo como también de todos aquellos hombres y mujeres con los cuales intercambias las vivencias de tu cotidianidad.

¿Cómo lo harás? Te has acostumbrado a vivir y a actuar sin ese aditamento fundamental que es la dignidad, lo que facilitó que todo aquel que así se lo propusiera pudiera pedir o exigir de ti lo que se le ocurriera, sin que tú ofrecieras la más mínima resistencia. Eso se debió y se debe actualmente a esa pérdida progresiva de tu dignidad, unida estrechamente a un desmoronamiento de tu autoestima.

Buena parte de la reflexión, en el jardín de tu corazón, estará destinada a reconstruir con firmeza los dos pilares fundamentales de tu autoestima. Tienes que recuperar la confianza en tus pensamientos, en tus decisiones, y fortalecer tus emociones. Asimismo, si vuelves a respetarte como ser humano, estarás muy cerca de alcanzar de nuevo la dignidad que te mostrará frente al mundo de un modo totalmente diferente.

LIBÉRATE DE TU CORAZA

Ya nadie podrá invadirte si tú no lo permites y a la vez tú tampoco tendrás la necesidad de invadir territorios ajenos para cumplir tus metas y objetivos. Es como si te liberaras de una fuerte coraza que te tiene maniatado desde una época que quizá ni siquiera recuerdes, aunque hoy estás sufriendo severamente las consecuencias de ese desliz en tu vida.

Veamos la tercera pregunta: **¿Qué crees que pasó entre esa última vez y en cómo te sientes hoy?**

Déjame ayudarte a recorrer estos años junto a ti, claro, si me lo permites. ¿Sabes? En estas circunstancias, que siempre son dolorosas, que alguien te acompañe sirve para aliviar la pesada carga que tienes sobre tus hombros.

En un momento de debilidad de esos que tenemos todos los seres humanos —ya que no somos máquinas perfectas ni mucho menos—, a la luz de promesas rimbombantes, pensaste que quizá tu dignidad no era tan importante como creías.

Y junto con ese pensamiento, erróneo por cierto, la fuiste dejando de lado.

No fue fácil para ti seguramente, pero como los hechos se encadenan entre sí a lo largo de la vida, imperceptiblemente cada vez estabas más lejos de pensar y mucho menos de actuar con dignidad, lo que fue marcándote un trayecto descendente del que no eras consciente en ese momento.

¿Cuándo te diste cuenta de ello? Literalmente, cuando tu cuerpo —o más bien, tu ser entero— tocó fondo. Allí, en medio de la oscuridad y de las tinieblas, te preguntaste: ¿qué he hecho de mi vida? ¿Cuáles fueron los motivos que me llevaron a dejar que esto me sucediera?

Mira... Los golpes que la vida nos proporciona, a veces buscados por nosotros y otras veces cuando somos víctimas inocentes de esos golpes, tienen la virtud de «despertarnos» de un letargo en el cual estuvimos sumergidos durante largo tiempo. Quizá en tu caso personal tuviste cierta responsabilidad en esa cesión de los espacios que fue la responsable de la pérdida de tu dignidad, o quizá no fue así.

No puedo saberlo, pues no te conozco personalmente, pero sea de un modo o de otro, «tocar fondo» duele por la intensidad del golpe y hiere el alma también porque actúa como un fuerte llamador para trabajar en el proceso de recuperación de algo que jamás debiste haber perdido.

La pregunta gira en torno a qué crees que pasó entre esa última vez que te sentiste libre y con dignidad y la evaluación de tus sentimientos hoy en día. Honestamente, ¿te importó o no la pérdida de tu dignidad? Y te hago esta pregunta porque quizá te esté insistiendo en la importancia de la recuperación de un valor innegociable de los seres humanos, y para ti esto no tiene ninguna trascendencia.

Y tienes todo el derecho de pensar así. Nadie puede seguir un patrón de normalidad o lo que debería hacer cada ser humano en circunstancias puntuales. Es probable que hayas tenido tus motivos para abandonar tu dignidad a cambio de algo que consideraste de mayor valor añadido en ese momento.

Lo que me interesaría saber es si piensas que puedes vivir tu vida sin tener incorporado el concepto de dignidad personal en cada uno de tus actos. A mí me parece —esto es muy privado y propio— que la dignidad es un valor, como dije antes, innegociable, y que si la has perdido por distintas circunstancias, ahora es el momento de pensar en su recuperación.

¿Y sabes por qué? Paso a explicártelo. Cuando una persona pierde su dignidad, no es que la haya tirado a la basura o arrojado al mar. No es así. Esa dignidad, que tiene un valor inapreciable, no ha desaparecido como por arte de magia. En tu caso, seguramente hay alguien muy cercano a ti que se ha apoderado de tu dignidad y utiliza ese despojo para denigrarte, para agredirte psicológicamente y para destruir los últimos restos de tu ya vapuleada autoestima.

¿Es muy extremo este pensamiento? Puede ser, pero por desgracia se ajusta estrictamente a la verdad de muchas personas. Puede suceder también que hayas vivido episodios que te decepcionaron profundamente, en lo que tiene que ver con actitudes de personas con las cuales tú habías desarrollado un vínculo afectivo muy cercano. Una vez que percibiste que los sentimientos de esas personas no tenían nada que ver con los tuyos, no te importó perder tu dignidad.

LA DIGNIDAD ES TU TARJETA DE PRESENTACIÓN

Existen múltiples razones que pueden explicar con claridad por qué se puede perder la dignidad. Pero hay una sola que explica por qué tenemos que recuperarla. La dignidad personal es nuestra tarjeta de presentación y sin ella es como si no tuviéramos ni nombre ni apellido. Perder la dignidad es perder la identidad, es perder la singularidad que caracteriza a cada ser humano. Y yo tengo la certeza de que tú no quieres eso para tu vida futura.

Y acto seguido, la cuarta pregunta: **¿Qué has hecho al respecto para mejorar tu estado emocional?**

Aquí puedo encontrar los dos extremos. Que no hayas hecho nada o, mejor dicho, no hayas podido hacer nada o, en el polo opuesto, que hayas luchado denodadamente para lograr su recuperación pero no te fue posible, tal vez porque la forma en que lo hiciste no fue la más adecuada.

Veamos la primera posibilidad. No hiciste nada hasta hoy. Eso puede deberse a que te has sentido cómodo sin ese toque de dignidad personal, o que quien o quienes se apoderaron de tu dignidad no te dejaron espacio alguno para el intento de volver a apropiarte de ella.

La segunda opción es que buscaste por todos los medios volver a sentir que eras digno ante tus ojos y en consecuencia ante la mirada escrutadora de los demás. Aun habiendo hecho el esfuerzo, los mecanismos que utilizaste no fueron lo suficientemente exitosos como para lograr tu objetivo.

Eso te da la pauta de la gravedad de perder la dignidad. No resulta sencillo recuperarla y tampoco se logra tan rápidamente como necesitarías. Quiero creer que has ido en la búsqueda de mejorar tu estado emocional y de tu armonía interior. No lo has conseguido o si lo has hecho ha sido solo parcialmente.

Voy a sugerirte algunos pasos a seguir para que en el menor tiempo posible puedas volver a tomar contacto con tu mundo, desde una perspectiva diferente y con una dignidad que merezca el respeto indispensable en el vínculo que tienes con el resto de los seres humanos.

Toda tu energía al servicio de la recuperación

Ante todo y como condición indispensable, necesito saber si deseas recuperar, como atributo de tu personalidad, tu dignidad. Si es así —e imagino que ese es tu pensamiento—, ya en el presente no importan demasiado las razones por las que la perdiste. Toda tu energía debe ponerse al servicio de la recuperación.

¿Dónde estás ubicado? ¿Sientes que aún posees algo de esa dignidad que una vez te identificó como un ser libre e independiente? ¿O crees que debes partir desde cero y construir una nueva dignidad?

En el primer escenario, con esa pequeña porción que aún resta de lo que fue en su momento tu dignidad, actuarás para ir tras su complemento. Debes creer que mereces recuperarla. Ese es el primer peldaño por subir. Cuando sientas la íntima convicción de que lo mereces, enfrentar al enemigo tanto interno como externo será más sencillo.

Es tal la fuerza interna que te arrastra a creer en tus derechos y a poner en marcha la rebeldía por la injusta pérdida que sufriste, que no habrá obstáculos que te detengan hasta levantar la frente y tener una mirada firme y un respeto por tu persona que llamará la atención de quienes te han conocido de un modo diferente.

Si tienes que partir de cero, el trabajo será algo más complejo pero no imposible de realizar. En este caso, debes utilizar la visualización y proyectarte, viéndote en el futuro como un ser humano digno de sí mismo. Esta visualización te dará la fuerza, el impulso y la curiosidad de saber cómo puedes sentirte si actúas en tu vida con la dignidad necesaria para que los demás te respeten.

Tu autoestima tiene aquí un papel muy destacado. Por lo general, la pérdida de la dignidad es consecuencia de la destrucción de los pilares que sustentan el concepto de autoestima. Si tú no crees en ti mismo, si no tienes confianza en lo que piensas, en lo que sientes y en la consecuencia de ello que son tus acciones, te resultará muy difícil recuperar la dignidad personal.

Si a eso le sumamos que durante un largo tiempo no te has respetado a ti mismo, permitiendo todo tipo de invasiones por parte de quienes supuestamente te quieren y también de aquellos que solamente pretendieron sacar provecho de tu debilidad, el trabajo será arduo pero no imposible.

Unir la confianza en lo que surge de tu mente, con el aprendizaje que te conducirá a saber cómo poner una barrera de contención frente a las invasiones de los demás, irá fortaleciendo tu presencia y tu actitud frente a los desafíos a los que la vida te expone de forma permanente.

Cuando hayas logrado ensamblar estos dos conceptos básicos y fundamentales, ya estarás actuando con la dignidad necesaria para dar pasos firmes y obtener el respeto de quienes no lo hicieron durante largo tiempo. El sentimiento que te ganará será el de un gran crecimiento interior y el de haber logrado una madurez que será fundamental en cada una de las propuestas que te hagas para tu vida futura.

Recuperar un tesoro

Se trata de recuperar un tesoro que tiene un valor incalculable, ya que es una de las aristas fundamentales de tu inserción social y de tu modo de actuar en las relaciones personales, sean del tipo que sean. Ten en cuenta que buena parte de los cuadros clínicos de angustia, ansiedad y depresión se deben a la pérdida progresiva de la dignidad.

Esta está amenazada de forma permanente por distintos factores que son externos a nosotros, pero también la destruimos desde nuestro interior. Los factores externos no los podemos evitar, pero sí combatir con nuestra férrea actitud para no dejarnos avasallar y ejercer la defensa que corresponde.

Es posible que el enemigo interno sea el más difícil de controlar, ya que los fracasos y las frustraciones que sentimos como consecuencia de este nos llevan a preguntarnos para qué necesitamos la dignidad personal si los resultados que obtenemos no son los que esperamos.

De lo que no nos damos cuenta es de que los resultados adversos no son responsabilidad de la dignidad personal, sino que son los paradigmas que utilizamos los que nos llevan a esos finales negativos. No es abandonando la dignidad que mejoraremos, sino cambiando los modelos que utilizamos en la concreción de nuestros sueños.

Por ello es aconsejable que no te confundas: una cosa es la dignidad personal y otra muy diferente es cómo nos sentimos frente a los fracasos que cosechamos por nuestros errores o por la suma de nuestros errores y de los obstáculos que se interponen en nuestro camino.

La dignidad siempre sumará, porque aun cuando nos sintamos mal por los malos resultados, esa dignidad nos ayuda a una recuperación mucho más rápida y a volver a confiar en nuestros recursos para obtener mejores corolarios al final del camino que recorremos.

No importa la etapa de la vida que estemos transitando para poder tipificar si mantenemos la dignidad personal o si la hemos dejado a la vera del camino. En un principio, la tendencia es a pensar que a medida que los años transcurren en la vida de los individuos, la dignidad personal se va debilitando porque vivimos en un mundo que apunta a la juventud, en tanto los adultos y los adultos mayores van siendo relegados claramente a un segundo plano.

Sin embargo, son muy numerosos los casos en que esta pérdida de la dignidad personal se presenta en adolescentes y en jóvenes que han equivocado su rumbo casi antes de iniciarlo. El incremento de las adicciones —ya sea el consumo de alcohol o de drogas o la suma de ambos— nos presenta un panorama muy triste, si pensamos que esos jóvenes de catorce o quince años serán las mujeres y los hombres de mañana.

Es suficiente observar por la noche, sobre todo durante los fines de semana, grupos de niñas y niños —porque en definitiva no son más que eso— con sus cajas de vino y sus botellas de cerveza caminando por las calles sin poder mantener su eje vertical. ¿Qué es lo que se disfruta? ¿Qué es lo que se busca? ¿Es la evasión un camino por más conflictos que se puedan tener, característicos de la adolescencia?

Y es más, ¿dónde están los padres de estos chicos y chicas que pierden semana a semana su dignidad, mostrando a quienes los observan imágenes tristes y lamentables de cómo se puede dilapidar el decoro personal en etapas tan precoces?

Cada uno debe hacerse responsable de sus actos

A veces pienso, cuando asisto a este bochornoso espectáculo, que son demasiado jóvenes para hablarles del jardín de su corazón y que cada uno debe hacerse responsable de sus actos. No sé si sus mayores aprueban estas conductas o no están enterados, pero en ambos casos están ausentes. Si no se preocupan por saber dónde están sus hijos y sobre todo qué hacen cuando salen con sus amigos, es muy escaso el aporte que se puede hacer desde fuera.

Lo grave de esta situación es que se genera no solo una dependencia sobre todo al alcohol, sino que esa subordinación a determinadas sustancias hace que prácticamente no se pueda desarrollar ninguna actividad si no se está bajo sus efectos, absolutamente destructivos. Y si estamos hablando de jóvenes o niños de doce, trece o catorce años, ¿qué futuro les espera?

Si bien yo soy el primero en sostener que nadie es dueño de la verdad absoluta y que cada uno tiene la libertad de hacer con su vida lo que desee, también creo que es una obligación de quienes ya hemos recorrido una parte importante de la senda de la existencia advertir que estamos asistiendo a un derrumbe de la dignidad de esos jóvenes, que serán quienes rijan en el futuro los destinos de sus familias y de los países donde viven.

Es cierto que en este mundo globalizado presenciamos una pérdida progresiva y muy peligrosa, a mi modo de ver, de los valores primarios que sustentan la convivencia pacífica entre los seres humanos y el respeto por la diferencia de pensamientos y de creencias, no solo las religiosas sino también las que tienen que ver con el estilo de vida.

Pero todo tiene sus límites, y cuando observamos la pérdida de la dignidad, que es el tema que nos ocupa, y la pérdida de la salud en un futuro no muy lejano, la pregunta que cabe hacerse es: ¿se debe actuar o simplemente observar con indiferencia el espectáculo que se desarrolla ante nuestros ojos?

Las medidas de restricción de venta de alcohol a menores de dieciocho años y en determinadas horas de la noche no han sido para nada obstáculo para que este vergonzoso entretenimiento siga mostrándose al público, sin que nadie emita ni siquiera un juicio de valor, o tome alguna medida de corrección de algo que es inadmisible.

Son nuestros jóvenes, son las semillas del mañana de nuestro país construido con tanto esfuerzo. Y eso a lo que estamos asistiendo no tiene nada que ver con clases sociales o con capacidad económica. Es como un virus que se ha instalado en nuestra sociedad y cuyo mayor daño es lograr que quienes han entrado a «disfrutar» de su vida de esa manera dilapiden su dignidad ya casi al comienzo del camino.

En esta etapa de formación, de estudio y de trabajo es cuando se producen estos fenómenos mal llamados «modernos», y que la juventud aplaude y participa de ellos ante la mirada atónita de quienes también hemos sido jóvenes y nos hemos divertido plenamente en ese período de nuestra vida, sin la necesidad de recurrir a ninguno de estos argumentos, utilizando nuestros cinco sentidos, más que suficientes para poder admirar la belleza que la vida nos muestra en el camino que recorremos.

Sin ir más lejos, ayer por la noche y cuando iba a dejar mi coche en el garaje, pasaron delante de mí cuatro muchachas que me obligaron a detenerme, porque estaba en una esquina y ellas intentaban cruzarla. Las cuatro llevaban en su mano una copa; dos de ellas, las cajas de vino de cartón y una, además, una botella grande de cerveza.

Su modo de caminar consistía en sostenerse una con otra para no caerse. Ninguna tenía más de quince años, si es que ya habían llegado a esa edad. Como padre, me daría vergüenza que una hija mía diera ese espectáculo tan bajo, exponiéndose a la mirada de todo aquel que pasara por allí, sin importarle en absoluto lo que pensaran quienes la vieran.

Y aquí no es tan importante el pensamiento de los extraños, sino qué es lo que estas jóvenes están haciendo con su vida. Porque esa postal que yo presencié un sábado por la noche se repite el próximo viernes y el sábado siguiente. Se convierte no en una excepción, sino en una regla que conduce a estas jóvenes a transitar por caminos extremadamente peligrosos, dado que cuando no se tiene control sobre la razón, uno se vuelve permeable a cualquier tipo de sugerencia, lo que puede agravar todavía más una situación que ya es muy delicada.

La dignidad se construye desde la niñez

El concepto de la dignidad personal se va construyendo desde las primeras etapas de la vida, y hay que custodiarla bien para que escenas como la que he relatado no la destruyan prematuramente, y que luego sea muy difícil recuperarla en su totalidad.

No abogamos por una vida exenta de recreaciones porque todos hemos pasado por esa etapa tan divertida, pero lo que cabe preguntarse es si alcoholizarse es sinónimo de regocijo, sobre todo cuando se convierte en una costumbre semanal de la cual no es posible desprenderse, y en la que para lograr las mismas sensaciones se debe aumentar la cantidad de consumo.

No basta con intentar aceptar que el mundo está así actualmente y que esto no sucede solo en nuestro país sino también a lo largo y ancho del planeta y que en otros lugares es peor aún. Nuestra misión consiste en velar por los valores históricos, y además inculcar a las generaciones más jóvenes la importancia de cuidar de su salud, tanto física como emocional.

No se trata de emitir un sermón al respecto. No es el objetivo de esta obra. Pero como espero que muchos padres y jóvenes se acerquen a *El jardín de tu corazón*, estas páginas tienen como meta inducir a la reflexión a quienes se sientan involucrados con el contenido de mis palabras.

Comenzaremos ahora la tercera parte del libro, donde en tu compañía abordaremos el tema referente a que los cambios residen en nuestro interior. Es desde allí que debe nacer primero la voluntad de reflexión y luego de los cambios que necesitamos para vivir mejor. De eso se trata, amigo.

Un café bien caliente nos reconfortará. Pero esta vez tengo para ti unas pasas que serán el perfecto complemento de nuestra clásica infusión, ya instituida en todos mis libros.

Nos vemos ahora...

TERCERA PARTE

EL CAMBIO RESIDE EN TU INTERIOR

Cuando sientas que algo te llama desde tu interior,
oye esa voz que te está pidiendo que cambies.
¿Qué debo cambiar?, te preguntarás.
Ve al jardín de tu corazón y reflexiona allí.
Tu necesidad aparecerá con meridiana claridad.
¡Cambia solo lo que se interpone en tu camino!

7

El manejo de tus tiempos

El día tiene veinticuatro horas.
¿Cómo las utilizas?
¿Te tomas un tiempo para visitar el jardín de tu corazón?
Hazlo, allí encontrarás las respuestas que necesitas.
Tú gestionas tus tiempos.
Sácales el máximo provecho.
Los días que pasan no vuelven.
¡Y así transcurre tu vida!

Cada ser humano gestiona sus tiempos y, dentro de esa administración, le da jerarquía a lo que considera prioritario para su vida. Eso te sucede a ti y también a mí. No todos los días son iguales, aunque sí todos tienen veinticuatro horas que debemos organizar de la mejor forma posible.

Te diré que en términos generales no lo hacemos muy bien, ya que habitualmente no encontramos un tiempo adecuado para nosotros, como introducirnos en lo más profundo de nuestro ser y hallar allí el remanso necesario para la vida agitada que llevamos.

Gestionar tus tiempos implica que tengas claro, cada día de tu vida, qué es lo que deseas hacer, más allá de que luego algún imprevisto te impida cumplir con el cronograma que te habías propuesto. Pero fíjate que es bien distinto iniciar una jornada sabiendo lo que quieres hacer, que dejar que las horas transcurran sin un orden que te permita separar con certeza lo que es importante de aquello que puede esperar.

Pero ahora soy yo el que con tu permiso me voy a apropiar de tu tiempo por unos días, ya que quiero demostrarte la jerarquía que adquiere el jardín de tu corazón cuando te alejas de la rutina a la que estás acostumbrado.

Para ello deseo invitarte a hacer un viaje. No será por muchos días, pero te aseguro que te deleitarás con él, porque el destino final será una isla rodeada de un mar maravilloso e impresionante. En esa isla tú y yo podremos dialogar con tranquilidad y abrir el jardín de nuestro corazón, para regresar luego con la máxima energía, indispensable para abordar nuestras obligaciones.

Si estás de acuerdo —y doy por sentado que sí—, partiremos dentro de dos días, para darte tiempo a que te prepares adecuadamente y que vengas con la mente abierta; no dejes fuera lo que te agobia o genera una inestabilidad emocional que no puedes controlar.

LA ISLA, UN LUGAR DE PRIVILEGIO

La isla será un lugar de privilegio para desgranar la historia de nuestra vida y poder comprender por qué hoy tenemos tantos interrogantes acerca de nuestro presente y del futuro que nos está esperando. La isla no está muy lejos.

Se ubica en un país cercano, y para evitar todo tipo de

temores nos trasladaremos en un moderno autobús, que nos dejará en la esquina de una pequeña casa con una construcción muy característica y que yo he alquilado para pasar allí los pocos días que compartiremos.

Espero que estés tan entusiasmado como yo por el solo hecho de poder alejarme del ruido ensordecedor de la ciudad y sus enormes construcciones de cemento, que me dan la sensación de que me oprimen la cabeza y el cuerpo, y me generan una gran dificultad para pensar con claridad y lucidez.

La cantidad de vehículos que se desplazan por las calles de la mayoría de las ciudades ha aumentado significativamente en los últimos años y han convertido el tránsito en una tortura que crispa mis nervios, además de que hacen que cumplir con un horario concreto es una misión casi imposible.

Pero nada de eso sucederá en esta isla, donde podrás apreciar que la protagonista es la naturaleza, con todas las criaturas de la Creación interactuando con nosotros. Es tal la armonía que se vive en ese lugar que, una vez que uno lo visita, no solo quiere volver sino que desearía quedarse a vivir allí para siempre.

Ya tendremos oportunidad de hablar acerca de esto cuando hayamos llegado y nos instalemos, para comenzar desde el principio a tener una experiencia increíble, que nos mostrará la otra cara de la existencia. Esa cara que nos dirá que se puede vivir de un modo diferente cuando ponemos las cosas en el lugar que les corresponde.

No voy a entretenerte más con estos adelantos, pues quiero que te prepares, con tiempo y tranquilidad, para que nuestra estancia en este territorio paradisíaco sea lo más confortable posible, y a la vez, que podamos lograr la propuesta que te hago de abrir nuestro corazón al jardín y encontrar allí las respuestas que tanto anhelamos.

Finalmente ha llegado el día de la partida. Te noto sonriente y relajado. Parece que la sola idea de alejarte unos días de tu rutina diaria ya está surtiendo su efecto. No te veo con el ceño fruncido, no hay arrugas de preocupación en tu rostro y ello es una excelente señal de que has entendido mi mensaje al invitarte.

Ya estamos sentados en el cómodo autobús y aprovecharemos la noche para dormir. Llegaremos a la isla cerca del mediodía de mañana, por lo que es aconsejable que el sueño nos gane, para tener la máxima energía cuando descendamos de este medio de transporte. Que tengas una buena noche y que descanses.

Los primeros rayos del sol penetran a través del vidrio de mi ventana y nos auguran un día excelente. Ya dejamos nuestro país y entramos en esta república cercana y estamos apenas a unas horas de llegar a la isla.

¡Buenos días! Puedo apreciar que has dormido profundamente y me alegro por ello.

Tomemos el desayuno —cortesía de la compañía— y mientras tanto observemos los distintos colores de verde, obsequio de las praderas que vamos recorriendo a lo largo de la ruta, y a los animales que disfrutan plenamente de su estancia allí.

¡Ah!, si los seres humanos fuéramos capaces de regocijarnos con las pequeñas grandes cosas de la vida, de aquellas que no tienen coste alguno, pero que reconfortan el alma. El cielo celeste, el sol con su tibieza y su calor. Nada de ello tiene precio; sin embargo, preferimos discutir, enfrentarnos e ir tras el éxito, que es efímero y que cuando desaparece deja un vacío profundamente doloroso. Tengo la esperanza de que, algún día no lejano, aprendamos de nuestros hermanos, los mal llamados «animales inferiores».

La energía que emerge de la naturaleza

Son las primeras reflexiones que vienen a mi mente cuando de improviso me encuentro con este espectáculo tan inusual para quienes tenemos como morada la ciudad, con su contaminación, su inseguridad y la dificultad enorme que supone tomar desde allí contacto con la energía que emerge de la naturaleza.

Es tanta la necesidad de naturaleza y paz, que los pensamientos revolotean en mi mente cuando aún estamos dentro del autobús y ni siquiera hemos puesto un pie en la isla. Pero lo que ya se muestra ante nuestros ojos es tan hermoso que lógicamente merece un pensamiento, un primer encuentro en el jardín de nuestro corazón.

Bueno, pensamiento va y pensamiento viene, ya estamos llegando al destino elegido. Te miro y puedo apreciar que estás absorto observando lo que hay a tu alrededor. Sí, esta es la pequeña casa de la que te hablé y es aquí donde podremos dar rienda suelta a aquello que tenemos encerrado en nuestra alma y que por distintos motivos no hemos podido exteriorizar durante tanto tiempo.

Ven, acompáñame y crucemos este hermoso jardín con flores y árboles que rodean y protegen la casa. Cierra los ojos y escucha los sonidos que emiten los animales que tienen su morada en este vergel. Ya podremos admirarlos, uno por uno. Ahora es el momento de instalarnos.

Es cerca del mediodía y antes de almorzar daremos un paseo alrededor de la isla. Aquí hay algunos carruajes antiguos conducidos por los lugareños, que nos mostrarán lo más destacado de esta pequeña porción de tierra rodeada de mar, con casas de techo bien bajo. ¿Has observado que no hay ni un solo edificio alto? ¡Qué belleza!

Bien, cada uno ha elegido su habitación y hemos ordenado las pocas pertenencias que trajimos, por lo que estamos listos para hacer nuestra primera excursión, cuando el sol ya está en el cenit.

Subamos pues a este original medio de transporte y recorramos la ruta que está a pocos metros de la costa. El mar tiene un color azul claro y es casi transparente. Su tranquilidad se transmite al alma de quien lo observa. Sería interesante podernos llevar un poco de esa paz que regala la inmensidad marina.

Observa las casas que están frente a la costa. Todas son coloridas y tienen un jardín. Se divisa otro también al fondo, más grande, con características de un pequeño parque. El aire que se respira tiene un aroma salino que nos señala la proximidad del mar.

En esta primera incursión, solo mira y observa. Luego comentaremos lo que hemos apreciado y la impresión que nos ha causado.

A pesar de desconocer el idioma que se habla en la isla, nos arreglaremos para pedirle al señor que nos guía que nos lleve nuevamente a nuestra casa, así podremos almorzar y luego descansar para tener la primera sesión de corazones abiertos.

Será a media tarde, en los sillones que tiene nuestro jardín. Veamos ahora las primeras provisiones que hemos traído para esta comida y vamos a degustarlas con muchas ganas. ¿Sabes? El paseo me despertó el apetito, de manera que no hablemos más y preparemos el almuerzo.

Por supuesto que después del postre, que serán frutas autóctonas, de las que difícilmente se encuentren en las ciudades, multicolores y frescas, tomaremos un rico café, que puede ser descafeinado si así lo deseas, y abriremos uno de los varios chocolates que he traído para compartir contigo. Sé que no está bien pero... son muy ricos y eso es lo que más importa. Ya habrá tiempo para cuidar la figura y las arterias.

Descansemos un par de horas porque el viaje ha sido bastante agobiante. A media tarde nos ubicaremos en el jardín para hablar sin limitaciones, dejando fluir los sentimientos y las emociones que ellos generan. Estoy extasiado con la hermosura de este lugar y no me arrepiento de haberlo elegido para nuestros coloquios.

Son las cinco de la tarde y el sol todavía impacta con toda su luminosidad, pero aquí, en el jardín, hay un árbol, y a su sombra nos sentaremos. Presta atención a la armonía de la naturaleza. Mira cómo revolotea esa mariposa de colores alrededor de las flores, como si no consiguiera decidir en cuál de ellas posarse.

Hay también una asamblea de palomas que caminan lentamente inclinando el pico en busca de alimento. Y más allá, en otro árbol del jardín, unas ardillas inquietas van y vienen sin que podamos saber qué es lo que buscan o qué es lo que desean. Lo más hermoso de este cuadro natural es que mariposas, palomas y ardillas conviven en un espacio común, sin enfrentamientos ni luchas por preservar su territorio.

LA ARMONÍA A LA QUE ASPIRAMOS

Todos estos ejemplares saben que este es su lugar y viven su vida sin enconos ni luchas estériles. Esta es la armonía a la que yo aspiro para nosotros, los seres humanos. Por desgracia, entre los humanos todo es motivo de envidia, de celos, de tratar de ser mejor que el otro, en lugar de ocuparnos de ser mejores nosotros mismos, por lo menos a priori, para luego, en una competencia leal, ver quién destaca más.

Pero no, no es así. Siempre buscamos denostar al otro en nuestro propio beneficio. Demostrémonos que somos capaces de superarnos, de crecer, de aprender, y a continuación definamos cuál es el lugar que nos corresponde en la interacción social que tiene lugar en el transcurso de nuestra vida.

Si hombres y mujeres invirtieran su tiempo en mirar hacia su interior y corregir sus debilidades o sus carencias, en lugar de mostrar solo su soberbia y su falsa superioridad, la convivencia sería más beneficiosa para todos y existirían menos pugnas por creerse más que los demás.

Ahora dime: ¿qué es lo que más te preocupa?, ¿qué es lo que te quita el sueño desde hace tanto tiempo? Expresa lo que desees y no te sientas presionado. Yo no quiero juzgarte, no soy quién para hacerlo. Solo deseo ayudarte en la medida de mis posibilidades y mientras tú me lo permitas, aportándome tus pensamientos y tus sentimientos.

Mira, todos en algún tramo de nuestra vida, o a veces en varios de ellos, necesitamos algo así como una mano invisible que nos guíe o que nos sugiera el camino, o nos oriente acerca de las decisiones que nos convendría tomar.

Se trata solo de eso. De escuchar al otro y aceptar y entender que todo lo que nos sucede en la vida puede ser visto y analizado desde una perspectiva diferente a la que le damos cada uno de nosotros.

Eso es lo que quiero que hagamos en estos pocos días en que nada podrá interferir con nuestra intención de abrir nuestro corazón y nuestra alma para purificarlos, y después volver a nuestras tareas habituales con más fuerza y mayor convicción.

El estar atribulado por un largo tiempo absorbe nuestra energía vital y no nos permite avanzar. Y lo último que debemos hacer en la vida es detenernos. Sí podemos hacerlo si es para pensar cuál es el mejor camino por seguir, pero nunca para abandonar nuestros sueños.

Con el fin de que tengas la confianza suficiente para seguirme, comenzaré a expresarte lo que significa pasar por una crisis personal. Quizá tú la estés viviendo, o hayas pasado por ella, pero quiero reafirmar algunos conceptos que ya expresé en capítulos anteriores.

Una crisis personal o de identidad es como un gran torbellino que se abate sobre la vida de un individuo, que en una primera instancia no comprende por qué ni cómo se produjo ese vacío en su existencia. En realidad, las crisis personales no se gestan de un día para el otro, sino que son la acumulación de una serie de circunstancias que esa persona no puede gestionar adecuadamente, y la sumatoria de fracasos y frustraciones culmina sumiéndola en una espesa oscuridad, en la cual se ve inmersa.

Los errores pueden ser propios o ajenos

Importa poco quién o quiénes son los responsables de esa situación, porque una vez instalado el trance, las consecuencias son las mismas. Quiero decir con esto que no interesa si los errores fueron propios o si se puede haber sido víctima de la desidia o de la perversidad de quienes, por motivos que quizá no se conozcan, se comportan de esa forma.

En mi caso, reconozco que puedo haber cometido errores, sobre todo en la falta de anticipación, en no darme cuenta a tiempo de que mis expectativas no se estaban cumpliendo, porque cada idea o cada proyecto que tenía siempre involucraba a más de una persona, y al no encontrar la sintonía necesaria para que los resultados fueran los que yo esperaba, quizá debí actuar con más firmeza de lo que lo hice, siempre esperando que los demás reaccionaran a mis demandas.

Reconozco que fue un error, porque esa reacción no se produjo —salvo honrosas excepciones que debo mencionar— y esa larga espera me fue quitando iniciativa, convicción y sobre todo un factor fundamental, que son las ganas de seguir adelante con lo que íntimamente sentía que era mi más firme intención. En ese proyecto ya había invertido quince años de mi vida, y después de vivir esa amarga experiencia fue cuando me rebelé y decidí avanzar, pesara a quien le pesara y costase lo que costase.

Algo sí aprendí con los golpes. Nada es perfecto en la vida, pero tampoco todo es negativo, y finalmente encontré eco en mis peticiones e inicié un segundo tramo de mi historia como escritor, la que deseo continuar hasta el último día de mi vida.

La reflexión a que me llevó todo este proceso es: ¡cuánto más fácil es decir lo que se piensa y se siente, más allá de que quien recibe el contenido de esas palabras pueda estar agradecido o agraviado por ellas! Perderíamos mucho menos tiempo si fuéramos francos, directos, evitando los largos silencios que lo único que logran es confundir y no poder entender qué está sucediendo.

El sol ya desciende y busca su refugio en la lejanía del mar. Se acerca la noche y el cielo se poblará de estrellas titilantes que señalarán el final de este día. Vamos a caminar por la orilla del mar y a escuchar el murmullo impresionante que producen las olas cuando rompen en la margen por la que nos desplazaremos.

No creas que me he olvidado de que te conminé a que abrieras tu corazón y tu alma, pero como yo lo hice primero, ahora vayamos a embriagarnos con la naturaleza y su pureza, que tanta energía nos proveerá.

La isla está rodeada de la inmensidad del mar.
Así estamos hombres y mujeres
a lo largo y ancho del mundo.
En una isla, rodeados de la enormidad que significan
los millones y millones de seres humanos, cada uno inmerso
en delinear su presente y su futuro.
Sentimos su murmullo, pero nuestra vida es única.
Si alguien te necesita, extiende la mano.
La gratificación será inmediata. Basta con una sonrisa.

Caminemos en silencio y reflexionemos, ahora sí, tú y yo, en el jardín de nuestro corazón. Piensa: ¿qué he hecho bien y qué he hecho mal en el último año? Si hice algo mal, ¿qué me faltó para poder corregirlo? ¿Por qué he llegado a la situación que hoy me provoca esta angustia que no puedo controlar?

EL MAR PARECE INFINITO

Verás que ese mar que tienes a tu derecha y en el que has puesto tu mirada parece infinito. Solo vemos, tenue, la línea del horizonte porque todavía un halo de luz del astro rey nos lo permite.

¿Qué ves y qué es lo que imaginas? Aventuro este diálogo contigo:

—Querido compañero de viaje, hablaré por primera vez. Hasta ahora te he escuchado atentamente y me he sentido muy identificado con tus vivencias. Mi historia es bastante similar. Siento que tengo que volver a empezar desde cero. He cometido una serie de errores, algunos atribuibles a mi inexperiencia y otros por haber sido una víctima sin que me diera cuenta. La visión del mar me serena, me permite entrar en el jardín de mi corazón, de forma suave y natural, y te confieso que algunas lágrimas ya han caído y se han sumado al caudal de este extraordinario mar que tenemos ante nuestros ojos.

—Te felicito por tu valentía. Quería escucharte. Pasan años hasta que un hombre o una mujer deciden entrar en el jardín de su corazón. Esas lágrimas que se han deslizado por tus mejillas son la primera señal de tu cambio. Llora, si es necesario. Cuéntame lo que sientes. El mar, que ya se oscurece, es el mudo testigo de tu coraje. Saca sin vergüenza tu ser interior hacia fuera y modélalo de nuevo para, ahora sí, acceder al bienestar que mereces.

La temperatura ha bajado, pero de todos modos el clima tropical hace nuestra estadía muy agradable. Iniciaremos nuestro regreso al refugio que tenemos y prepararemos la cena, que será ligera: ensaladas, verduras, pescado fresco de la zona y frutas. Te estarás preguntando: ¿nada más? Sí, claro, el café con unos bombones que he traído, que son una delicia. Tú me dirás luego si estás de acuerdo.

No sé si logras apreciar lo que es comer sin las secuelas del estrés del día. Es totalmente diferente. Es un tiempo para compartir, para sonreír y para repasar lo que hemos vivido a lo largo de la jornada.

¡Qué diferencia con lo que sucede habitualmente, cuando utilizamos el tiempo que dedicamos a nuestra alimentación a plantear nuestros problemas o a revisar las llamadas o mensajes que quedaron pendientes en el teléfono móvil!

Si nuestro estómago pudiera hablar, ¿qué diría? Seguramente extendería una fuerte queja por el maltrato que recibe. Pero somos nosotros los que pagamos las consecuencias de nuestros actos: acidez, ardor, más adelante una gastritis y finalmente una úlcera. La responsable no es solamente la comida, si esta es inadecuada. Es la manera en que comemos y qué tiempo le dedicamos a lo que es primordial para nuestra armonía física.

Los puntos difíciles de nuestra vida

Esta noche percibimos con claridad la diferencia. Estamos distendidos; no sentimos ansia salvo cuando nos detenemos en los puntos difíciles de nuestra vida, pero aislados del mundo globalizado, que solo tiene exigencias para con nosotros. Esta es la vida que necesitaríamos los trescientos sesenta y cinco días del año. Como ello no es posible por las obligaciones que tenemos, este retiro es ideal para desconectarnos de aquello que nos preocupa y nos genera tanto desequilibrio emocional y físico.

Conversemos mientras tomamos el café... Escucha el silencio de la noche. En él la angustia se disipa y podemos pensar con claridad en qué es lo importante en la vida y qué no. ¿Vale la pena desperdiciar la existencia yendo detrás de la conducta de quienes jamás cambiarán? Y no lo harán por maldad, sino que la estructura de su personalidad no les permite actuar de otro modo. Allá ellos con su vida y con su manera de ser. El blindaje tiene que ser nuestro. No podemos permitir que sus acciones nos afecten tanto que lleguen a paralizarnos.

Si tienes un proyecto, ideas o sueños, no permitas bajo ningún concepto que el comportamiento de los mediocres, que creen que todo lo saben y que por distintas circunstancias detentan poder, ponga un manto de sombra en tu camino.

La vida no es exactamente como queremos que sea, pero tampoco debes abandonar el destino que elegiste por los obstáculos que se te presentan. Imagina que eres un atleta y que estás compitiendo en una carrera de cien metros con vallas. Deberás sortearlas para llegar a la meta y tú puedes hacerlo.

Doy fe de ello porque yo creí que era el momento de abandonar. Sentirse abrumado por la incomprensión de quienes prometen y no cumplen es muy desagradable. Pero al entrar en el jardín de mi corazón y repasar mis cuatro décadas como médico, llegué a la conclusión de que había conocido a todo tipo de personas y todo tipo de conductas.

Y me pregunté: ¿por qué tengo que dar yo un paso al lado, si mis únicos jueces son mis lectores y a través de toda mi obra he recibido siempre el estímulo y la crítica positiva de ellos? También he recibido sugerencias y alguna opinión discrepante con el contenido de algún libro, pero bienvenido sea el disenso. De él se aprende y jamás creí ser perfecto, ni mucho menos.

No quiero abrumarte con mi catarsis, porque deseo escuchar también la tuya. Es hora de descansar. Mañana será otro día y, como amanece muy temprano, nos levantaremos para la caminata matinal, que será muy agradable, después del desayuno. Que tengas una buena noche.

El canto de los pájaros y las mariposas de colores que veo a través de la ventana de mi dormitorio me anuncian que el sol comienza su ruta hacia el cenit.

¡Buenos días! ¿Has podido descansar? Te confieso que he dormido toda la noche, como hace tiempo no lo hacía.

No me cabe duda de que la distancia de los problemas cotidianos tiene mucho que ver en ello. Pero no podemos vivir de fantasías porque estos pocos días pasarán y debemos generar una estrategia para protegernos del daño que nos produce vivir bajo una sobretensión permanente.

De ello hablaremos en el camino de regreso. Ahora desayunemos y vayamos a la primera actividad del día de hoy. Observa el cielo totalmente despejado. No hay una sola nube y la temperatura a esta hora, las nueve de la mañana, es muy agradable. La gente ya está bajando a la playa con sus sillas y sombrillas y nosotros iniciamos nuestro paseo matinal.

Los gansos dialogan entre sí junto al agua, con un idioma que no comprendemos pero del que tenemos mucho que aprender. Cuando ellos vuelan, lo hacen en forma de *v* para vencer la resistencia que el aire les presenta. Son quizá la máxima expresión de lo que significa unir fuerzas para lograr mejores resultados. Cuando el que va al frente se cansa y empieza a descender, todos acuden solidarios en su ayuda hasta que mejora o muere. Luego otro ganso ocupa su lugar y continúan su vuelo.

La unión hace la fuerza

Nosotros no nos comportamos de esa manera. Si bien hay personas muy solidarias, nos cuesta mucho «volar en grupo». No nos damos cuenta de que si cada uno aporta lo mejor de sí, el resultado será excelente y haremos realidad el dicho que reza: «La unión hace la fuerza».

—¿Qué pensabas mientras conciliabas el sueño anoche?

—Amigo: he pensado en cómo he desperdiciado mis fuerzas, tratando de obtener respuestas que nunca iban a llegar. Lo peor de ello es que sabía que no lo harían, pero es que en lo más íntimo de mi ser anhelaba un cambio, una disculpa, o simplemente un reconocimiento. Hoy me doy cuenta de que ya no es necesario. Observando la inmensidad del mar y el sol con su presencia imponente, he llegado a la conclusión de que lo importante es lo que yo pienso y lo que siento que debo hacer. Los demás, si así lo desean, correrán a mi lado, pero no yo detrás de ellos, ¡nunca más!

—Estamos totalmente de acuerdo, y me congratulo de que coincidamos en las conclusiones. Yo pienso exactamente igual que tú. Que los demás corran a nuestro lado y no nosotros al final de la fila. ¿Sabes? Es una cuestión de respeto por uno mismo. Es uno de los pilares fundamentales de la autoestima, como ya hemos visto. Por donde abordemos estos temas, siempre emergerá la importancia de mantener una buena autoestima.

»A mí me ha sucedido que la incomprensión y el silencio me hicieron dudar de si estaba en el camino correcto o no. Me llevó bastante tiempo, mucho más del que hubiera deseado, el darme cuenta de que no podía doblegarme ante la indiferencia de quienes debían proteger mi trabajo y mi esfuerzo. Creo que me ayudó el ejercicio de mi profesión, en el sentido del conocimiento de la conducta humana. Aun así, el abandono golpeó mi puerta, pero no lo dejé entrar. Sentémonos en este banco que está frente al mar y cuéntame cómo ha sido tu historia. Abre el jardín de tu corazón y déjame entrar en él para acompañar tus recuerdos.

—Lo mío fue en el ámbito laboral. Trabajo desde hace muchos años en una empresa a la que entré cuando era un adolescente. Trabajé a conciencia y me esforcé para aprender y formarme como gerente y fui obteniendo los cargos que me correspondían hasta llegar, después de treinta años de servicio, a la posibilidad de acceder a la gerencia general de la compañía. En ese momento, entró una persona conocida del director, a quien le otorgaron el cargo que me correspondía a mí. En un principio sentí que el mundo se derrumbaba. Sufrí mucho, presenté todos los alegatos posibles, pero fue en vano. El puesto había sido otorgado y no había marcha atrás.

»Al aceptar tu invitación y en estas primeras veinticuatro horas en la isla, comienzo a comprender que yo como persona soy mucho más que ser el gerente general de la empresa. Y además, si quiero crecer y desarrollarme, tengo otros aspectos iguales o más importantes que los que me puede aportar el trabajo, que en definitiva no es más que mi medio de vida. Mi verdadera existencia está fuera de la empresa y eso lo comprendí cuando fui capaz de separarme del estrés que significa trabajar en una organización donde los desafíos son permanentes.

—Gracias, amigo mío, por ser tan franco y por permitirme entrar contigo en el jardín de tu corazón. He escuchado tu historia con mucha atención y debo decirte que tú, al igual que todos los seres humanos, somos mucho más de lo que hacemos o hemos elegido como medio de vida. El alma es muy grande y lo espiritual está ligado a todo nuestro quehacer diario. Si incrementas tu vida espiritual, verás qué pequeña queda esa sensación de impotencia que tuviste y que comparto contigo por la injusticia cometida.

»Pero pregúntate: ¿es esa mi vida únicamente? Hoy aquí, en esta isla, has comprendido que tú, como ser humano, tienes un espacio amplio para desarrollarte en otros campos e ir en busca de tu bienestar y de tu equilibrio emocional.

No cejemos en nuestro empeño para ser mejores personas

Ha sido una mañana productiva. Hemos podido hablar, y lo más importante es que coincidimos en que no debemos cejar en nuestro empeño para ser mejores personas cada día, aun con las interferencias que tengamos que sortear. Cuantos más desafíos, más ponemos a prueba nuestra capacidad para enfrentarlos y superarlos.

Los hombres son ambiciosos. En esa carrera hacia su supuesto éxito no respetan nada ni a nadie. No es más que una pobre y triste actitud de quienes, en su mezquindad, creen que el mundo los aplaudirá para siempre. Lo que no saben es que el éxito es efímero y lo que importa es la esencia del ser humano. Esta no se adorna con vistosos trajes. La esencia es humilde y refleja grandeza.

Regresemos para almorzar y luego descansar. Por la tarde nos volveremos a encontrar, esta vez en el pequeño parque que está al fondo de la casa, para ir ya preparando nuestra partida de este viaje relámpago a esta isla que nos ha facilitado abrir nuestro corazón.

Tengo una sorpresa para ti. Para el café que compartiremos tras el almuerzo he traído un chocolate amargo con almendras, que el único problema que tiene es que uno no puede parar de comer. Cuando termines de leer este libro, puedes hacer la dieta que se te ocurra y si quieres yo mismo te la preparo. No porque tenga sentimiento de culpa, sino para echarte una mano en tu esfuerzo.

LIBERADO Y SIN CADENAS

Estamos instalados en este pequeño parque al fondo de la casa y no podemos hablar sin comer algo aunque sea pequeño. Unas castañas y unas almendras con un licuado de varias frutas nos ayudarán en esta calurosa tarde a continuar profundizando en nuestros temas. No sé si a ti te pasa lo mismo, pero yo me siento liberado, sin cadenas que me impidan ser como yo realmente soy. Creo que visitaré esta isla con más frecuencia y por supuesto estás invitado a acompañarme.

La conclusión a la que he llegado en estos dos días que hemos pasado en este maravilloso lugar es que ambos hemos comprendido la importancia de ser nosotros mismos, con independencia de lo que sucede a nuestro alrededor. No es que ello no nos afecte, pero no debemos perder nuestra línea.

La vida es fugaz y cumplir con nuestros sueños es prioritario. No todo saldrá como queremos, pero poner en juego la resiliencia que cada uno tiene es una herramienta muy útil para contener la frustración por los fracasos que obtenemos intentando alcanzar nuestros propósitos.

Nos iremos al anochecer para viajar tranquilos, llegar mañana a nuestro lugar habitual y retomar la rutina que tanto tú como yo tenemos. Me ha encantado la experiencia y cómo me he sentido en tu compañía. Una vez más subrayo la trascendencia de visitar el jardín de tu corazón para volcar allí las emociones que recoges en el tránsito por tu vida.

No solo me siento reconfortado, sino que creo honestamente que ambos hemos contribuido a crecer y a desarrollarnos, y hemos podido ver con claridad la importancia que tenemos como seres humanos lúcidos, útiles para nosotros y para quienes vienen detrás. Cumplimos una misión y debemos legar algo importante a las generaciones más jóvenes. Ese es mi compromiso y quiero que sea también el tuyo.

Preparemos nuestro equipaje porque el autobús ya nos espera en la puerta de casa y ha hecho sonar su bocina. Ya vamos... ha llegado antes de lo que nos habían dicho. No importa, subiremos en él e iremos a buscar respuestas acerca de si se puede ser feliz. Casi nada, ¿verdad?

Gracias, amigo, de nuevo. Tu compañía ha sido muy grata y también lo será en esta próxima estancia. Que tengas una buena noche. Piensa, descansa y nos encontramos en el próximo capítulo.

8

¿Se puede ser feliz?

¿Qué es la felicidad?
¿Se puede alcanzar?
¿Cuál es la diferencia con el bienestar?
¿Es la felicidad una meta o un camino?
¿Has pensado en llegar a ella?
¿Cómo lo harás?
¡Estas son las preguntas esenciales de la vida!

La respuesta es que sí: claro que se puede ser feliz. Si vamos a la búsqueda de algunas de las tantas definiciones que existen al respecto, veremos que se establece una conexión entre la palabra felicidad y la concreción de una o más metas que el individuo se puede haber planteado a lo largo de la vida.

También puede acompañarse de una condición interna de satisfacción y alegría y de un pensamiento positivo respecto a la existencia. Pero las definiciones no son más que eso: definiciones; la realidad es bien diferente.

Entiendo que la felicidad es una concepción de la vida. Es el modo en que transitamos por ella y el balance entre los éxitos y los fracasos que recogemos en el intento por sentirnos bien con la existencia.

También se pone en la balanza si es una meta o un trayecto por recorrer, con muchas estaciones en las cuales vamos acopiando sentimientos y emociones que se traducen en un estilo de vida. No en vano hay algunas personas a quienes siempre se las ve con una sonrisa dibujada en el rostro, más allá de las circunstancias que les toca vivir.

La vida del ser humano: un universo en sí mismo

Por el contrario, a personas que aparentemente lo tienen todo para ser felices se las ve siempre con un gesto adusto en el rostro e incapaces de esbozar una expresión de alegría. También es cierto que la vida de cada ser humano es un universo en sí mismo y nadie conoce el cien por cien de la verdad que alberga.

Una cosa es lo que se muestra al exterior y otra muy diferente lo que transcurre en lo más íntimo del jardín del corazón de cada individuo. Por ello es muy difícil saber a ciencia cierta quién puede ser feliz y quién no, o quién tiene todo para serlo y a quién le falta acceder a determinados logros para poder sentirse de ese modo.

Lo ideal es tener ambiciones e intentar crecer de forma permanente. Pero, paralelamente, es adecuado tratar de ser felices con lo que tenemos y no sufrir por aquello que aún no hemos alcanzado.

Si estamos vivos, si tenemos un estado de salud razonable, tenemos motivos más que suficientes para ser felices. Si a ello le añadimos tener trabajo y con este poder cubrir nuestras necesidades básicas y algo más, también debemos sentirnos bien con la vida. Y esto no es intentar igualar hacia abajo. Todo lo contrario. Se trata de ver la existencia tal cual es y ser agradecidos por lo que D'os nos ha otorgado.

El esfuerzo, el progreso, el estudio y el trabajo dignifican al ser humano, pero no siempre lo hacen feliz. Esa felicidad la debe conquistar cada uno de forma independiente de quien esté a nuestro lado o de quienes comparten la vida con nosotros. El bienestar es un camino solitario y tiene que ver con el conocimiento profundo de nuestro ser y de la definición de lo que queremos para nuestra vida.

Justo cuando sabemos hacia dónde nos dirigimos, los demás pueden acompañar nuestro proceso e incrementar, o no, el sentimiento que nos embarga. Y digo «o no», porque muchas veces quienes nos acompañan no comparten las mismas ideas ni los mismos valores o principios que rigen nuestra existencia.

Felicidad y bienestar: caminos solitarios

De ahí la reafirmación de que la felicidad y el bienestar son caminos solitarios y que se obtienen mediante la activación de un pensamiento positivo y de una actitud de mente abierta frente al mundo, ejerciendo una buena tolerancia ante los hechos negativos que pueden presentarse en la búsqueda de los objetivos planteados.

La pregunta clave, que aclarará muchas de nuestras dudas, es: ¿Qué necesito para sentirme bien?, entendiendo por ello las circunstancias de la vida para alcanzar el grado de satisfacción que colme nuestras expectativas.

Quizá eso no lo podamos descubrir de forma inmediata, sino que en la medida en que nuestras vivencias nos vayan modelando, tendremos un panorama más despejado de lo que es imprescindible para alcanzar nuestro bienestar y, por qué no, también la felicidad.

Pero profundicemos un poco más y veamos cómo todos nosotros «vivimos» diariamente, sin detenernos a entrar en el jardín de nuestro corazón para preguntarnos no solo si estamos conformes o de acuerdo con la vida que llevamos, sino también qué es lo que necesitamos para alcanzar esa aprobación interna y cuánto hemos hecho al respecto.

Estoy seguro de que la mayoría de nosotros encontraremos un vacío importante en estos interrogantes, y no por desidia o por desinterés, sino simplemente porque nunca nos hemos detenido a pensar en ellos.

No es una crítica, porque la velocidad que imprimimos a nuestra existencia, por las exigencias de un mundo que nos presenta desafíos importantes a cada paso, no nos ha permitido hasta el día de hoy entrar en la intimidad de nuestros sentimientos para saber cómo deseamos gestionar nuestra vida de aquí en adelante.

Cuando nos hacemos esta pregunta de si podemos ser felices, en ese preciso instante nos damos cuenta de que por distintos motivos esta respuesta la hemos postergado una y mil veces. Quizá no quisimos darnos cuenta de que en realidad estábamos muy lejos de serlo, y eso nos producía un profundo dolor, por lo cual siempre esquivábamos la posibilidad de enfrentarnos a una realidad que desde entonces sentíamos como adversa.

Ahora ya no hay más excusas. Tienes que entrar en el jardín de tu corazón y separarte transitoriamente del mundo exterior, para comenzar a repasar los distintos hitos de la historia de tu vida hasta llegar al hoy y, entonces sí, sacar conclusiones.

No te asustes por las conclusiones a las que llegues. Si son de signo negativo, tienes la oportunidad de cambiar tu presente y tu futuro. Depende de ti y de tus decisiones.

También puede suceder que el balance sea positivo y en ese caso lo único que tienes que hacer es ser muy celoso de tu bienestar y preservarlo para mantenerlo en el mismo nivel en el futuro.

En términos generales, la gran mayoría de las personas quedan ancladas en la primera de las dos posibilidades, lo que indica claramente la incapacidad que tenemos para anticiparnos a las frustraciones que el vivir mal nos produce.

Vivir mal es también una forma de vivir

Vivir mal también es una forma de vivir y la gran capacidad de adaptación que tenemos los seres humanos hace que con el correr del tiempo ni lo notemos. Como nada es para siempre, llega un momento en que sí tomamos conciencia de lo deficiente que ha sido nuestro desempeño vital, o alguien nos abre los ojos mostrándonos la otra cara de la realidad y señalándonos cuáles han sido nuestros errores.

No creo que ellos nos hayan pasado desapercibidos, solo que los cambios cuestan y significan admitir que nos hemos equivocado y que tenemos que volver a empezar desde cero. Siempre es más digno regresar al punto de partida que seguir

manteniendo situaciones que a todas luces son incompati-
bles, ya no con la felicidad, sino con un mínimo concepto de
lo que es el bienestar.

Todos sabemos que la vida no resulta fácil para nadie y
que en el transcurrir diario aparecen obstáculos que pertur-
ban nuestra actitud y que nublan el pensamiento positivo que
deberíamos tener para poder afrontar, con argumentos sóli-
dos, los desafíos a los que estamos expuestos.

Pero esta no puede ser la razón por la que dejemos pasar
por alto las invasiones a nuestra privacidad y la obstrucción
sistemática al goce de las pequeñas grandes cosas que hacen
al ser humano un individuo feliz.

La permisividad en estos casos resulta totalmente negativa, más allá de que busquemos constantemente la concilia-
ción, a efectos de encontrar el equilibrio entre lo que ahora
sabemos que necesitamos para nuestro bienestar y la realidad
que vivimos.

¿Dónde se encuentran estos obstáculos? Los principales
están en las relaciones amorosas, pues son de lejos la primera
causa de insatisfacción con la vida que llevamos. Esto tiene una
explicación y es que la mayor parte de esa vida la compartimos
con nuestra pareja, a diferencia de lo que puede suceder en el
ámbito laboral, que ocupa solo una parte de nuestro tiempo;
con inteligencia podemos separar los problemas que allí se
producen de la parte más importante de nuestra existencia.

También puede pasar que tengamos que sumar los dos
escenarios adversos: los que vivimos en relación con nuestras
relaciones afectivas y los que soportamos diariamente en
nuestra vida laboral. Cuando ambos escenarios arrojan el
mismo resultado, estamos en serios problemas.

LO MÁS PRECIADO: NUESTRA VIDA

Un alto en el camino significará entrar de forma urgente en el jardín de nuestro corazón, para revisar cuidadosamente qué estamos haciendo con lo más preciado que tenemos, que es nuestra vida.

Si pudiéramos programar la existencia del mismo modo en que lo hacemos con un ordenador, todo sería más sencillo. Pero la realidad es otra. A estas dos grandes áreas que pueden llegar a ser fuente de insatisfacción, les debemos añadir realidades que no podemos prever, como enfermedades que aparecen con el paso del tiempo, tanto las propias como las de nuestro entorno, que lógicamente actúan de forma altamente negativa en nuestra búsqueda del punto de bienestar que necesitamos.

El gran interrogante es: ¿cómo hacemos para lograr esa ventura imprescindible y la felicidad, en el marco de un contexto que nos resulta adverso por diversos motivos? ¿Es posible conseguirlo? No hay una respuesta única ni un modelo por seguir que sea útil para todos.

Si nos vemos enfrentados a una escena donde los aspectos negativos son la constante, se vuelve imperioso separar cada una de las realidades que nos afectan, para considerarlas una a una. Nunca trates de resolver todo a la vez, porque no solo no será posible sino que, si fusionas todo aquello por lo que estás sufriendo, lo único que conseguirás es confundirte más aún de lo que ya estás.

Lo que se impone, sin lugar a dudas, es abordar los problemas comenzando por el que sientas que está repercutiendo más sobre tu punto de bienestar y sobre tu equilibrio emocional, e intentar encontrar alternativas que te permitan recuperar la armonía que has perdido.

Eso te llevará su tiempo, dado que cuanto más arraigado esté el conflicto en tu vida, mayor será la dificultad para resolverlo. Tú no vives solo y el entorno ejerce su presión con intensidad, lo que te hará dudar una y mil veces acerca de qué camino debes tomar.

¿Has de darle trascendencia a la opinión del entorno? Mi respuesta es que sí, pero con ciertas restricciones. Debes poder separar el buen consejo y bien intencionado, del que solamente te expresan como una forma de estar presente, sin tener en cuenta qué es lo que necesitas para retornar a tu punto de bienestar y a tu equilibrio emocional.

Escuchar sí, aceptar la opinión externa también, pero las decisiones siempre las tendrás que tomar tú, solo con tu conciencia y después de haber analizado minuciosamente todas las alternativas que posees.

Luego irás afrontando los demás problemas en orden decreciente de importancia y verás que te sentirás cada vez más aliviado, en la medida en que puedas ir resolviéndolos uno a uno y siempre teniendo como objetivo tu bienestar y tu felicidad.

No escuches los comentarios que te llegarán de diversos lugares, respecto a si estás actuando con egoísmo, pensando solamente en ti y dejando de lado a los demás. En realidad, si tú no ejerces el derecho a defender tu bienestar y tu felicidad, ¿quién lo hará por ti? Esa es la respuesta adecuada para quienes intenten amilanarte en tu intento por recuperar la dignidad perdida.

Cómo salir de la trampa en que has caído

No pierdas tiempo en reflexionar acerca de cómo has llegado a vivir tan mal. Lo que importa es cómo saldrás de esta trampa en la que has caído, probablemente por tu incapacidad de decir que no, cuando debías haberlo hecho. Todo lo que no haces en el momento adecuado se vuelve mucho más difícil después.

Tu realidad así te lo está mostrando y la búsqueda de la felicidad y del bienestar no tiene fin. Siempre irás tras tu verdad, tras el encuentro de aquellos contextos que te permitan sentirte bien, en primer lugar contigo mismo, y asimismo en sintonía con tu entorno.

Hay quienes afirman que no les importa ser felices, o sentirse bien, y solo se conforman con cumplir con sus obligaciones. Cuando se dan cuenta de lo importante que es recuperar el territorio perdido, muchas veces no es demasiado tarde, pero se vuelve infinitamente más difícil lograrlo.

Te sugiero que analices de forma constante cómo vives y no dejes pasar por alto aquellos hechos que te lastiman y que vulneran tu integridad. Perdonamos una vez, perdonamos otra vez y así sucesivamente hasta que perdemos por responsabilidad propia el derecho a defender nuestros espacios y a sentirnos a gusto con la vida.

La existencia transcurre mucho más rápido de lo que nosotros quisiéramos, eso ya lo hemos visto. Entonces, si partimos de esa base, ¿hasta cuándo esperarás para tomar decisiones? No te estoy diciendo que lo hagas de forma apresurada. No, lo que trato de decir es que el bienestar y la felicidad son cuestiones inherentes a la responsabilidad individual que cada uno de nosotros tiene con su vida.

Partiendo de esa premisa es que no hay tiempo que perder. Si has detectado ya que hay espacios de tu vida en los que hace tiempo que no te sientes cómodo, hoy y sin más dilaciones entra en el jardín de tu corazón, aíslate del mundo exterior y comienza el análisis pormenorizado de lo que sientes.

No tengas vergüenza, porque jamás debes albergar ese sentimiento cuando estás contigo mismo. La verdad es una sola y no tiene varias interpretaciones. Puedes maquillarla o desatenderla, pero ella seguirá estando ahí, enviándote mensajes constantemente para que tomes la iniciativa de recuperar el bienestar que has dejado a la vera del camino.

Uno de los sentimientos que puede llegar a paralizarte es la culpa. Ella es la responsable, en buena medida, de aquellas decisiones que no tomamos a tiempo, porque siempre estamos considerando al otro, a los demás, ubicándonos en el último lugar de una escala en la que debiéramos estar en lo más alto.

Tú dirás... ¿por qué en lo más alto? La respuesta es sencilla. No puedes sentirte bien con la vida y mucho menos proyectar ese bienestar a quienes quieres que les llegue, si no te respetas a ti mismo ni eres capaz de establecer límites claros para cumplir los objetivos que te has trazado en tu existencia.

No te sientas mal todos los días

Hay momentos muy especiales en la vida de cada uno de nosotros, en los que se impone hacer un alto e ir en busca de las contestaciones que requerimos. Hay muchas vivencias que podemos tolerar y con las que convivir. Pero sentirse mal todos los días es abrir de par en par las puertas para que las emociones negativas se proyecten en nuestro cuerpo físico y nos enfermen definitivamente.

Tengo claro que no quieres llegar a esa situación incómoda y extremadamente peligrosa, pues hay dolencias que aunque se hayan iniciado en nuestro cuerpo emocional, como consecuencia del mal manejo de sentimientos y emociones altamente tóxicos, luego se convierten en cuadros clínicos de difícil tratamiento y de dudosa curación.

Todavía hay personas que no creen en esta indisoluble unión entre los fenómenos emocionales y los físicos, pero el vivir mal, angustiado, ansioso y con un desasosiego permanente es una de las causas más frecuentes de dolencias que —según las estadísticas— producen el mayor nivel de enfermedad y muerte en el mundo occidental.

La infelicidad y la incapacidad de sonreír, de tener esperanza y de mirar el futuro como un tiempo en el que habremos de vivir el resto de nuestra vida, es fuente inevitable de desórdenes internos que culminan en enfermedades o incluso la muerte.

El estrés desmedido y no controlado, por la actitud que asumimos frente a factores que nos acucian jornada tras jornada, no solo atenta contra el concepto de felicidad sino que también ocasiona múltiples alteraciones de las funciones vitales de nuestro cuerpo.

Por todo lo que antecede, estarás de acuerdo conmigo en la trascendencia que tiene el que hoy mismo dispongas de un tiempo para iniciar el balance de tu vida, y si alguna vez te has sentido bien con ella, distinguirás el sentimiento incomparable de ser feliz.

L A FELICIDAD ES UN OBJETIVO POR ALCANZAR

Puede ser que la felicidad o el bienestar no sean de tu interés. Ten cuidado porque si hoy no lo son, en un tiempo breve sí lo serán, ya que cuando analices los años que has vivido y cómo lo has hecho, te darás cuenta de que la felicidad sí era —y es— un objetivo por alcanzar, para no pasar de largo por la vida sin haberla experimentado. Nunca es tarde, pero lógicamente cuanto antes te des cuenta de ello, mejor será tu existencia.

Nadie es el dueño de la verdad y en ese sentido yo tampoco lo soy; sin embargo, gestionar tu tiempo, distenderte sin que nadie te critique y poder hacer lo que te venga en gana son algunos de los ingredientes de esta compleja palabra que es la felicidad.

El mundo que nos toca habitar en este siglo xxi es por demás complejo, y no podemos llevar a buen término todas las propuestas que nos hacemos en pos de alcanzar el bienestar y la felicidad. No obstante, tenemos que hacer un esfuerzo, porque no podemos abandonarnos en la creencia de que es un objetivo demasiado difícil de conseguir.

No hay peor gestión que la que no se hace, reza el dicho popular, perfectamente adecuado al tema que estamos desarrollando. Si no lo intentas, todo quedará en el mismo lugar y seguirás arrastrando de por vida tu frustración y tu impotencia por no cambiar lo que hoy estás viviendo.

Nada es fácil en la vida. Nadie regala nada. Todo tiene que iniciarse desde tu lugar y desde la comprensión y la aceptación de que así no puedes continuar. La felicidad es posible, pero tienes que construirla lentamente introduciendo cambios en tus creencias y en tus paradigmas respecto no solo a la vida en general sino a la tuya en particular.

Porque de eso se trata, estamos hablando de tu vida, de la mía, de la de todos los seres humanos que deberíamos ser felices porque tenemos derecho a ello, simplemente por ocupar un lugar en el universo.

EL DERECHO A LA FELICIDAD ES UNIVERSAL

El mundo está tan trastocado y la vida de hombres y mujeres tan desvirtuada que llegamos a la paradoja de creer que ser feliz no es posible y que la felicidad solo existe en las películas que tienen un final azucarado o color de rosa, pero en la vida real nada de esto es así.

Cuanto antes percibamos que el derecho al bienestar y a ser feliz es universal y que por ello estamos todos involucrados, esa percepción será el mejor estímulo para que, de forma inmediata, pongamos manos a la obra y veamos que la felicidad no está tan lejos como pensábamos antes de abordar los primeros cambios.

Lo cierto es que tienes que abrir tu mente. Nada se puede lograr en la vida si no crees poder obtenerlo y que a su vez lo mereces. Esto está íntimamente ligado al concepto que tienes de ti mismo y al nivel de autoestima que posees en el momento de encontrarte con este reto, que no es ni más ni menos que intentar vivir mejor y regalarte esa posibilidad.

La rutina nos gana sin que nos demos cuenta, y esto del bienestar y de la felicidad llegamos a vivirlo como algo muy lejano, estampado en los libros de superación personal o de autoayuda. Hasta que un día se enciende una luz en nuestro interior y aparece el interrogante: ¿por qué siento que esto no me corresponde? ¿Por qué nunca pensé que el bienestar y la felicidad no son solo palabras sino metas, proyectos que debo incluir en el presente y en el futuro de mi vida?

No te castigues, es solo que nunca te diste el tiempo o generaste el espacio necesario para pensar en ello y mucho menos para pensar que eso era importante para ti. Hoy tienes la posibilidad al alcance de tu mano. Incorpora esta posibilidad como un proyecto de trabajo interno, del que sacarás conclusiones que cambiarán totalmente el curso de tu existencia.

Una vez el bienestar y la felicidad queden enmarcados en tu vocabulario habitual, su búsqueda te acompañará a diario y aprenderás a priorizar el significado que tienen estas palabras en la construcción de tu equilibrio emocional y de tu armonía interior.

No solo los análisis, las tomografías, las ecografías y las resonancias magnéticas son importantes, así como los medicamentos que utilizamos para controlar diversas dolencias que nos aquejan. Es igualmente trascendente el alcanzar el bienestar y la felicidad, pues estos constituyen los antídotos naturales para prevenir la aparición de una multiplicidad de enfermedades que tenemos los seres humanos.

No deseo presionarte más, solo quiero que hagas un alto en la lectura y que simplemente pienses acerca del contenido de este capítulo. Te confieso que a mí me costó unos cuantos años llegar a la conclusión de que, más allá de mis responsabilidades como hombre, tenía derecho a conquistar mi bienestar y, por qué no, también mi felicidad.

Estoy en esa búsqueda aún, porque creo que no hay un

final para las exploraciones personales, pero día tras día intento entender y reafirmar mi derecho a lograr bienestar y felicidad, alejándome de aquello que me hace daño, no permitiendo que me afecte más de lo necesario, y al mismo tiempo pretendo seguir hurgando y hurgando en escenarios que me brinden la paz interior que necesito para continuar con mi tarea, tanto la profesional como la de escritor.

La comunicación humana no tiene límites y creo profundamente en ella. Nos permite intercambiar formas de ver la vida y conceptos que nos acercan a aquello que opera como bálsamo para nuestra alma, al tiempo que nos ayuda a tomar decisiones definitivas respecto a todo lo tóxico que existe a nuestro alrededor y que impacta duramente, limitando nuestro acceso a la felicidad que tanto necesitamos.

Tenemos que hablar de esto cada vez más, y sentir en lo más íntimo de nuestro ser que merecemos lo mejor para nuestra vida, sabiendo que lo tenemos que conquistar con nuestra inteligencia, con nuestras creencias y con nuestros modelos de comportamiento.

No podemos cambiar el mundo exterior ni lo que sucede a nuestro alrededor. Solo podemos trabajar sobre el estilo de respuesta que nos caracteriza, y sobre todo, sobre el concepto que tenemos acerca del significado de estas dos palabras casi mágicas y casi imposibles de alcanzar para la mayoría de los seres pensantes: bienestar, felicidad.

Muchos creen que tanto el bienestar como la felicidad son para unos pocos, pero no es así. Lo que deseo es que integres ese conjunto de hombres y mujeres que consideran que pueden ser felices en la medida en que se lo propongan. Por fortuna cada día hay más convencidos.

Recuerda que ser feliz no es tener mucho. Es tener lo que necesitas para sentirte en armonía con tu mundo interior y a la vez con el exterior. Créeme que para ello no se requiere demasiado. Solo lo justo y tener una visión de la brevedad de la vida, lo que ayuda a ser mucho más práctico y capaz para apreciar las bellezas que esta tiene.

Observa la naturaleza como lo hicimos en la isla: el mar, el sol, las estrellas, el color azul imponente del cielo. ¿Qué más se necesita para acercarse al bienestar y a la felicidad? Claro, me dirás que las obligaciones cotidianas te atrapan y no te dejan espacio para que tu mente pueda volar.

Y yo te respondo que la mayoría de aquellos que no tienen ningún reparo con las obligaciones cotidianas ni siquiera saben lo que significa el bienestar y mucho menos la felicidad.

Un mundo nuevo se abre ante tus ojos. Ese es el título de las próximas páginas que compartiremos. Y eso es lo que pretendo cuando hablo del bienestar y de la felicidad: mostrarte un mundo diferente. Espero y estoy seguro de que lo podrás apreciar en toda su dimensión.

Un café nos está esperando y, ¿sabes?, me quedo pensando en todo lo que hemos hablado acerca del bienestar y la felicidad; en la importancia de trabajar para alcanzarlos.

Seguimos en esta búsqueda apasionante. Es nuestra vida, la única que tenemos. Aprendamos a vivirla con plenitud.

9

Un mundo nuevo se abre ante tus ojos

Corre el velo que cubre tus ojos. Te sorprenderá lo que verás.
Es un mundo nuevo que te espera. Entra en él y sé feliz.
¡Depende de ti!

Sí, no cabe duda de que un mundo nuevo se abre ante tus ojos cuando tú eliges el jardín de tu corazón como el lugar donde sonreír o llorar, estar triste o alegre, recordar tus éxitos y trabajar sobre tus fracasos. Es un mundo diferente, pero lo sentirás como propio, como un espacio de encuentro que antes no estaba disponible para ti.

Hombres o mujeres, en distintos períodos de su vida, pueden pasar por situaciones complejas o verse involucrados en crisis personales de gran magnitud, por lo cual recurren a todo tipo de terapias, ya sea en el marco de la medicina tradicional o de las llamadas medicinas alternativas.

Asimismo, acuden a entrevistas psicológicas de distinta índole, en la búsqueda de respuestas y de acceder al punto de bienestar que necesitan para recuperar la armonía interior. A esto se suman lecturas, asistencia a conferencias, talleres y otras actividades, todas con el mismo fin.

Lo que no tienen en cuenta es lo que ya hemos afirmado. La enorme mayoría de las respuestas reside en nuestro interior y todo lo que hacemos de forma externa solo contribuye a expandir nuestra conciencia acerca de lo que nos está sucediendo.

Siguiendo esta línea de pensamiento, si las respuestas están en nuestro interior, es lógico que un mundo nuevo se abra ante tus ojos cuando el espacio que has creado es el escenario del tan necesario diálogo interno.

El jardín de tu corazón se convierte entonces en el punto de partida para la construcción de un nuevo presente y un futuro promisorio. Allí no tienes que guardarte nada, no has de sentir vergüenza de hablar libremente sobre lo que te sucede. Dejar fluir los pensamientos y los sentimientos que generan emociones es altamente sanador y liberador.

¿QUÉ ES UN MUNDO NUEVO?

Es una metáfora que apunta a la apertura de tu mente, a una concepción diferente de la vida y de lo que quieres alcanzar como consecuencia de decidir qué es lo que deseas de aquí en adelante. Y realmente es un mundo nuevo, porque los destellos de luz, que al principio te encandilarán, se atenuarán e irás comprendiendo y aceptando que el camino que has elegido es el correcto y sobre todo que responde a tus verdaderos deseos.

Al principio el impacto será fuerte, porque has construido tu vida en función de determinados paradigmas y creencias, y ahora te encuentras en la situación de ir sustituyendo por lo menos alguno de ellos, con la finalidad de que los resultados sean mejores para ti.

El espacio de encuentro se vuelve esencial en la génesis de estas transformaciones que tú experimentarás, porque cuando te encuentres frente al espejo de tu alma verás cómo manarán precipitadamente sentimientos que has retenido durante largo tiempo y que se fueron convirtiendo en obstáculos para acceder al bienestar que te corresponde.

Un nuevo mundo es explorar nuevas galaxias, es peregrinar por sendas disímiles de las que has transitado hasta el presente y para ello se impone que te conozcas tal cual eres, con tus virtudes y con tus defectos o debilidades. Solo la aceptación de tu realidad de hoy te permitirá instrumentar los cambios que tu interior te está susurrando desde hace mucho tiempo.

Quiero compartir contigo mi deseo de que la lectura de este libro obre como un antes y un después en tu camino vital, partiendo de la trascendencia que ahora sabes que tiene el hecho de crear un espacio de encuentro al que alude el título de esta obra.

¿TIENES MIEDO DE CONVERTIRTE EN UN SER DIFERENTE?

Tranquilo, seguirás siendo la misma persona. Tu esencia no cambiará; solo lo hará tu actitud frente al mundo nuevo que se desplegará ante tus ojos. Y esa actitud se basa en la sustitución de creencias que han quedado obsoletas y de modelos de comportamiento que solo han traído disgustos y tristeza a tu vida.

Venimos a la vida con una misión. Debes descubrirla y cumplirla. Tienes una verdad; conócela y llévala a todos los rincones de este mundo nuevo que se abre ante ti. Defiéndela porque refleja tu concepción de la existencia. Puede ser que sea compartida o combatida. Pero si estás convencido de que es lo que íntimamente sientes, paga el precio de ser diferente.

Ser diferente es ser auténtico con tus principios y valores. Estos no cambian por el hecho de que un mundo nuevo se abra ante ti. Tienes un bagaje intelectual y la disposición mental de aprender nuevos conceptos acerca de lo que importa en la vida y de lo que es totalmente secundario.

En última instancia todo el tiempo que hemos estado juntos a lo largo de este libro lo hemos hecho con la finalidad de saber priorizar lo que es significativo para alcanzar tu punto de bienestar.

Debes tener paciencia, pues los procesos de reingeniería personal no se dan con facilidad; además, requieren un tiempo prudencial para valorar los cambios que irán surgiendo como consecuencia de tu voluntad de mudar una forma de pensar y actuar que no ha colmado tus expectativas hasta ahora.

¿POR ENCIMA O POR DEBAJO DEL PUNTO DE BIENESTAR?

Puede sucederte que en determinado momento de este proceso sientas que estás por encima o por debajo de donde deberías estar. En ese caso, solo se trata de ajustar y de visualizar el punto de bienestar que, como hemos visto, es diferente para cada persona. Quizá debas subir unos peldaños, o quizá descender algunos más, para poder encontrarlo y sentirte muy bien en él.

Explorar un mundo nuevo es una aventura apasionante puesto que todo es desconocido, todo está por descubrir y eso genera mucha adrenalina, que a la vez impulsa la voluntad de vivir un futuro pleno de realizaciones y de crecimiento personal.

Si por un instante pudieras visualizarte en un contexto distinto, a través de una realidad que sea diseñada y erigida con tu esfuerzo, no querrás irte de allí ni por un segundo.

Son tantas las sorpresas que te esperan, que te llevará tiempo asumirlas e incorporarlas a tu vivir diario. Ya el jardín de tu corazón es un mundo nuevo. Es tu mundo; has elegido el lugar y lo has acondicionado como espacio privado para hablar contigo y decirte todo lo que piensas con comodidad.

Es fantástico porque nadie de fuera puede criticar, objetar o interferir en la tarea que emprendes. Estás tú con tu ser interior, y es donde se generan las conversaciones más fructíferas acerca del precio de vivir.

En efecto, todos pagamos un precio por vivir. Y lo hacemos por vivir bien o por vivir mal. Esa elección yace en lo más profundo de nuestra mente y de nuestro corazón. Parecería en primera instancia que todos optamos por vivir bien. Sin embargo, ¿cuántos son los miles o millones de personas que viven no solo mal sino muy mal?

Y no me refiero solo al aspecto socioeconómico, que puede estar sujeto a condiciones del país en que la persona reside, o a decisiones tomadas de forma apresurada. Me refiero a las relaciones que hombres y mujeres establecemos por propia voluntad, como las de pareja, o en la comunicación con nuestros hijos, o con el entorno que nos acompaña.

Si preguntáramos a cien personas elegidas al azar si desean vivir bien o mal, seguramente las cien responderían que quieren vivir bien. Entonces, ¿qué sucede? ¿Por qué, cuando analizamos la situación vital de cada una de esas cien personas, nos sorprendemos al constatar que una mayoría significativa vive mal, o por lo menos no de acuerdo con sus expectativas?

¿Es que no han experimentado la necesidad de explorar un mundo nuevo, que está a su alrededor y al alcance de su mano? Esa puede ser una de las respuestas, ya que es difícil aceptar que voluntariamente un hombre o una mujer deseen una vida llena de dificultades y complicaciones. ¿Falta la voluntad de cambio? ¿No se cuenta con la energía necesaria para involucrarse en un proceso de reingeniería personal, rumbo a lo desconocido?

¿Qué otros factores pueden estar incidiendo en esa falsa elección de vivir mal? Una vez más aparece esa «zona de confort o de comodidad», donde algunas personas no se encuentran bien pero tampoco lo suficientemente mal como para ir a la búsqueda del punto de bienestar que las habilite a proyectarse hacia un futuro donde cumplir sus sueños.

LOS SERES HUMANOS SOMOS COMPLICADOS

Así de complicados somos los seres humanos. Todo lo pensamos, todo lo entendemos, se diría que todo lo tenemos más que claro; sin embargo, a menudo quedamos empantanados en un terreno fangoso del que nos cuesta muchísimo emerger, aun en salvaguarda de nuestra integridad tanto física como emocional.

Pero en este momento no importan las noventa y nueve personas restantes que hemos seleccionado al azar, sino esa única que eres tú. ¿Cómo estás viviendo? No me respondas a mí. Ve al jardín de tu corazón y da rienda suelta a todo lo que tienes atrapado en tu interior. Llora si es necesario, grita si así alivias la pesada carga que tienes sobre tu espalda y sincérate contigo mismo.

Repite esta visita a tu jardín todas las veces que lo consideres necesario para, ante todo, tener bien definido tu panorama existencial. No dejes nada fuera, porque incluso los mínimos detalles son de gran valor ante el desafío de descubrir un mundo nuevo y mejor para tu bienestar. Creo no equivocarme si te digo, con la confianza que a esta altura tenemos tras este periplo que hemos iniciado juntos, que hasta ahora no te habías detenido a pensar seriamente acerca de tu modo de vivir.

Pues ha llegado el momento de hacerlo. No había insistido antes demasiado a lo largo del libro, porque teníamos otros temas trascendentes que abordar. Pero ahora no hay más excusas para escapar de este necesario balance.

Como es lógico, hay tres posibilidades bien definidas a la hora de realizar este reconocimiento. Una es que llegues a la conclusión de que estás viviendo bien y entonces no habrá nada que cambiar, por lo menos por ahora.

Una segunda posibilidad es que la imagen en el espejo refleje que estés viviendo mal o muy mal. Aquí se impone que inicies la transformación de tus creencias y paradigmas, con el objetivo de revertir algo de lo que no eres merecedor; de hecho ningún ser humano debería pasar por una experiencia similar.

Hay una tercera posibilidad, intermedia, que cabalga entre las dos anteriores y quizá es la que afecta a la mayor cantidad de personas. Porque si se está en la segunda posibilidad, tarde o temprano tomaremos decisiones, ya que no estamos diseñados para sufrir eternamente el destrato o la subestima de quienes comparten nuestra vida.

Lo importante es: ¿cuándo tomamos esas decisiones? ¿Lo hacemos a tiempo o cuando nuestro organismo está en un estado de deterioro tal que, aun tomando nuevos caminos, ya es tarde para evaluar el punto de bienestar? Es importante saber y percibir cuándo llegamos a un límite que no queremos trasponer y cuándo nuestro cuerpo está diciendo: «¡Basta, no puedo más!».

Lo lógico es no llegar al borde del precipicio para que un mundo nuevo se abra ante nuestros ojos. Por más dura que sea, la realidad es una sola y aunque deseemos adornarla o retocarla para que se adapte más a nuestras necesidades, muchas veces esto no es posible.

Esa realidad es la que nos tiene que estimular para elevar el respeto por nuestra persona e impedir más agresiones, sean del tipo que sean. Los peores embates son los de orden psicológico: el goteo permanente con que se recibe la descalificación del otro, de forma totalmente injusta.

Frente a ello adoptamos las más diversas posturas. Desde el enfrentamiento y la discusión que va subiendo de tono, consumiendo la totalidad de nuestra energía vital, hasta llegar al otro extremo, el del silencio, soportando con estoicismo el ataque constante, mientras nuestro interior hierve y todos los parámetros que regulan el buen funcionamiento de nuestro cuerpo se alteran.

LAS RAZONES PARA NO PONER LÍMITES DEFINITIVOS

Ahora, yo pregunto: ¿es justo esto? ¿Hay necesidad de soportar algo que está reñido con las más elementales normas de conducta entre los seres humanos? Siempre encontramos razones para no poner límites definitivos a esta verdadera tortura existencial. Algunas son acertadas y se ajustan a la necesidad, pero la mayoría de los motivos se inscriben dentro de la incapacidad que por momentos nos gana y nos paraliza a la hora de tomar decisiones drásticas, que cambien radicalmente nuestra vida.

Vuelve a tu diálogo y lleva este planteamiento para confrontarte al escenario donde transcurre tu cotidianidad. ¿Sientes que tienes que tomar decisiones? Si es así, no te apresures. Has vivido mucho tiempo de esta forma y por algo no te has planteado el desafío de abrir tus ojos a un mundo nuevo. Por lo tanto, decisiones intempestivas o imprudentes están contraindicadas en este caso.

Utiliza tu jardín para evaluar el nivel de tu autoestima que tienes hoy. Es allí donde encontrarás la clave y el porqué estás donde estás. Evalúa la confianza y el respeto por ti mismo y seguramente las respuestas fluirán solas y te encontrarás con los aspectos más débiles de tu personalidad.

No te asustes. Todo lo contrario. Debes estar feliz porque finalmente y después de tanto tiempo has encontrado dónde está tu problema.

Ahora queda apropiarte de él y descifrar el mensaje que viene impreso en el malestar que hoy sientes como un puño en el pecho y una angustia que no te permite descansar por las noches. El recado es algo así como un enorme pasacalle que dice: ¡debo cambiar!; de lo contrario perderé lo más importante, que es mi salud. Sin ella nada tiene sentido.

Porque si perdemos el fino equilibrio entre la salud y la enfermedad, y el fiel de la balanza se inclina hacia la dolencia, no hay proyecto, no hay metas, no hay sueños que puedan cumplirse. Nada es posible en la vida si no está sustentado en un estado de salud razonable.

Los demás pueden agredirnos, ejercer todo tipo de violencia, desde la psicológica hasta la física y la manipulación de nuestros sentimientos, pero cuando asumimos el papel de víctimas de lo que nos sucede, nos hacemos responsables de forma automática de ceder nuestros espacios y permitir que se nos invada con la anuencia que otorgamos.

Yo sé que es difícil admitirlo. Pero es así, y no hay una doble interpretación de los hechos. O estamos de acuerdo en que se nos trate de ese modo y el mundo seguirá siendo el mismo para siempre, o abrimos bien los ojos a un mundo nuevo, que tenemos que explorar partiendo desde cero. Así construiremos una nueva identidad y tomaremos conciencia de que existe un antes y un después una vez hayamos tomado esa decisión.

Esta es la escena cotidiana que vivo en el trato con aquellas personas que vienen en busca de ayuda o que se comunican de forma virtual desde diferentes países. Indica lo mal que estamos los seres humanos en lo que se refiere a comunicación y a poder interpretar lo que los otros necesitan de nosotros. Intentar imponer siempre nuestra visión o nuestra postura sobre un determinado tema, mediante el peso del poder en el más amplio de los sentidos, es llevar a quien asume el papel de víctima a su mínima expresión como individuo.

Ahora bien, si esto que te relato se asemeja en algún aspecto a lo que estás viviendo, vuelvo a decirte: ¿quién crees que vendrá en tu ayuda? No puedo aseverar que nadie es solidario, pero sí decirte que en el mundo globalizado en el que vivimos, cada uno está demasiado ocupado en solucionar sus propios conflictos, lo que deja un reducido margen para creer que alguien se solidarizará con lo que nos pasa, o que resolverá lo que no hemos podido remediar hasta el presente.

¿A dónde crees que llegarás si no actúas con celeridad? Los centros de tratamiento intensivo están llenos de hombres y mujeres estresados al máximo, que se han permitido llegar a instancias donde su organismo no tolera el peso de la angustia y la ansiedad generadas por su estilo de vida, impactando en los órganos clave de su cuerpo y poniendo en serio peligro su vida.

Y no solo está en juego la vida misma. En el mejor de los casos, si la persona se recupera, ¿cuáles son las secuelas que quedan por haber perdido la dignidad y la capacidad de establecer límites? Nadie puede contestar esta pregunta hasta que el período agudo de la crisis haya pasado y se pueda evaluar cuál es el estado del hombre o la mujer que pasó por este trance.

¿Vale la pena vivir así? Si me respondes que un mundo nuevo no es para ti, porque ya tienes mucha edad, o que no dispones de herramientas para cambiar lo que estás viviendo, te diré que no solo no estoy de acuerdo, sino que tienes serios problemas.

De ninguna manera la edad es un obstáculo para que puedas aspirar a una vida digna. Es más, en mi opinión, cuantos más años tengas más derechos habrás adquirido, pues la vida también tiene un límite y entonces la espera no puede de ningún modo ser eterna. La edad te limita algunos aspectos específicos, pero no tu capacidad de pensar o de recuperar la libertad de pensamiento y de acción.

Y en cuanto a las herramientas, toda persona guarda en lo más profundo de su ser capacidades que esperan ser descubiertas para funcionar al servicio de su bienestar y, por qué no, de su felicidad. Claro está que si ni siquiera piensas en ello, las soluciones no aparecerán por generación espontánea.

El primer compromiso es con tu vida

Como podrás apreciar, ya tienes unos cuantos compromisos que cumplir. El primero es con tu propia vida. Ese mundo nuevo que se abre ante tus ojos existe, es real, pero tienes que ir tras él. Él no vendrá a ti si no experimentas la necesidad de visitar galaxias diferentes a las que ha albergado tu vida hasta el presente.

Compartimos el pensamiento de que el ser humano es creativo por naturaleza. Es a esa creatividad a la que apelo hoy para que tú, antes que nada, tomes conciencia del modo en que vives. Con tiempo, sin premura, pero con firmeza y con el compromiso de ser sincero y honesto con tu realidad. Tú y solo tú sabrás si debes modificar el modo en que te has conducido hasta hoy.

Toma una hoja y algo para escribir y anota todo lo que

surja del análisis que haces como consecuencia de confrontarte con tu historia. Te sorprenderás de cuántas cosas debieron ser diferentes desde mucho tiempo atrás. Pero lo vivido, vivido está. Por lo tanto, como no lo puedes cambiar, tampoco es necesario que te detengas demasiado, sobre todo para evitar que te lamentes por lo que pudo haber sido distinto.

Ya habrá tiempo para encontrar las razones por las cuales no pudiste tomar las decisiones que necesitabas en el tiempo justo y en el lugar correcto. Ahora es el momento de actuar paso a paso y sin retrocesos. Quienes están a tu alrededor te desconocerán.

Por primera vez dejarás de ser sumiso y encararás tu existencia como debiste haberlo hecho tiempo atrás. Nunca es tarde, porque recuperar la autonomía y la independencia de pensamiento y de acción serán por siempre las herramientas más versátiles para la construcción de la nueva persona que deseas ser.

Si tuvieras que establecer un orden para actuar en consonancia con lo que hoy has decidido emprender, hago hincapié de nuevo en que el nivel de tu autoestima es fundamental para tu recuperación. Ante todo debes confiar en tus decisiones. Tendrás dudas, no sabrás si debes avanzar o no. Escucha el susurro de tu corazón y apela a la intuición. Tendrás pocas posibilidades de equivocarte.

La confianza en ti mismo y la gratificación por los éxitos logrados, por más pequeños que estos sean, consiguen afirmar tu personalidad y alejar los miedos naturales que todos tenemos a la hora de tomar decisiones, en especial las más trascendentes, aquellas que son un hito importante en nuestra vida.

Además, refuerzan el respeto por tu propia persona, algo en lo que quizá nunca reparaste hasta leer este libro y que ya hemos analizado en otros capítulos. Recordemos: ¿qué es el respeto por ti mismo? Es aprender a poner límites para defender tu espacio y tu lugar en el universo. También es un aprendizaje, e implica incrementar la confianza en tus propios pensamientos y decisiones.

En la medida en que logres unir estas dos herramientas y ponerlas al servicio de tu bienestar, verás que todo será más fácil. Si sigues siendo temeroso del qué dirán, de cómo te verán los demás, del juicio que emitirán acerca de tus dichos y de tus actos, te quedarás para siempre en el mismo lugar.

¿Te das cuenta de lo que esto significa? Vivir pendiente de la opinión y el juicio de los demás no solo es triste sino que te coloca en una posición de desventaja, dada tu permeabilidad a lo que piensan ellos de ti.

Así, repetir una y otra vez cuáles son los pilares de una buena autoestima es una forma de afianzar estos conceptos y, a partir de ahí, comenzar a actuar en consecuencia.

¿Quién tiene derecho a juzgarte? ¿Quién conoce tu vida y lo que sufres cotidianamente? Puedes escuchar, sí, puedes buscar ayuda incluso para cultivar ese espacio de encuentro en el jardín de tu corazón, pero tienes que defender a ultranza la libertad de vivir como desees, siempre y cuando ello no afecte la vida de quienes conviven contigo.

LOS CELOS, LA ENVIDIA Y LA INSEGURIDAD

Los celos, la envidia, la inseguridad que demuestran algunos individuos se traducen en la necesidad de controlarlo todo, incluso tu respiración, de manera que nada pueda escapar a su fiscalización; ejercen de ese modo una violencia inusitada como consecuencia de su inestabilidad emocional. Si entras en ese juego, terminará destruyéndote.

Esa es la palabra: destruyéndote, en todos los sentidos. Irás perdiendo la capacidad de elegir cómo quieres vivir y sentirás que no puedes tomar decisiones más allá de lo que tu verdugo considere pertinente.

¿Ese es el futuro que consideras apto para ti?

¿Dónde ha quedado el resguardo de tu persona? ¿A quién se lo has regalado? Perdona si soy muy duro, pero no hay otra manera de transmitirte lo que siento.

Lo que busco es hacerte reaccionar, que te enfades incluso, porque será un enojo que te sanará, que cerrará heridas abiertas hace mucho tiempo y para las que no has encontrado hasta el presente el modo de que cicatricen. Enfádate conmigo, no importa. Luego tomamos un café y nos reconciliamos de nuevo, porque lo que te digo y te sugiero lo hago por tu bien y para que puedas desear un futuro diferente en un mundo nuevo que se abrirá ante tus ojos.

Apreciarás este mundo nuevo de forma única. Quiero decirte con esto que cada ser humano tendrá una visión distinta de él, porque lo observará basado en sus convicciones y en su manera de incorporar lo desconocido, que se presenta como un desafío por superar. Por ello es tan importante que tengas una mente abierta.

Una mente abierta, sin prejuicios, te permitirá apreciar en toda su dimensión las características de este mundo nuevo y las posibilidades de crecimiento y de acceso al bienestar que buscas. No temas, intuyo que tienes dudas, que no estás seguro de que esto sea lo mejor para ti.

Pero te digo con certeza —por los caminos que ya llevo recorridos—: un mundo nuevo es una bendición que se abre ante ti y que debes aprovecharla en su totalidad.

¿Cuáles serían las opciones si no lo haces? Quedarte donde estás, lamentándote por todo lo que te ha sucedido, sin encontrar la salida que te permita vivir de un modo distinto. Ya lo has probado y te has convencido de que no es eso lo que quieres o lo que te hace feliz. ¿Entonces? Date el permiso, por primera vez en tu vida, quizá, de pensar y actuar de forma diferente.

Siempre puedes volver a tu estilo de vida anterior, si lo que encuentras en este mundo nuevo no es de tu agrado. Pero te aseguro que no mirarás hacia atrás, sino que quedarás tan deslumbrado con el panorama que se presenta ante ti que querrás avanzar más y más, hasta lograr la armonía y el equilibrio emocional que tanto anhelas.

¿Crees que ser diferente es un atributo positivo o un problema por resolver frente a los demás? No tengas dudas de que es algo positivo, porque significa que eres valiente, que tienes el coraje suficiente y no eres de los que por temor a salirse de lo convencional permanecen en un lugar donde no quieren estar, pero no tienen la mínima audacia para intentar llevar a cabo un cambio que los favorezca.

Un cambio que parta de la premisa de que se trata de un avance en sus vidas, un escalón más por subir con destino a mejorar la calidad de su existencia y de ese modo cuidar su salud de una manera integral. Porque ser diferente es el mejor medicamento para el cuidado natural de la salud.

Esto es algo que no se tiene en cuenta. Por eso vamos recibiendo fármacos diversos en el intento infructuoso de controlar solo las consecuencias físicas de problemas que nacen en una zona totalmente diferente y que son los responsables de nuestro malestar. Algunos de los medicamentos son imprescindibles, esto no tiene discusión, pero llegar a comprender las causas verdaderas de lo que nos sucede podría disminuir de forma significativa la cantidad de productos que ingerimos a diario con el supuesto objetivo de mantener nuestra salud en las mejores condiciones.

PONER EN ORDEN NUESTRAS EMOCIONES

Abrirse a un mundo nuevo lleva implícita pues la disminución radical de la cantidad de medicamentos que tomamos, en el afán de controlar nuestros impulsos y de obtener la paz interior que nos ha sido tan esquiva durante tanto tiempo. El cuerpo envejece y también enferma, es cierto, pero si ponemos en orden nuestras emociones estaremos apostando por la recuperación natural de nuestra salud.

No podemos dejar de pensar que somos seres indivisibles y que todas las vivencias que nos involucran nos afectan tanto positiva como negativamente, dependiendo del tenor de los acontecimientos de los que somos protagonistas. Cuando la balanza se inclina hacia el platillo de las emociones negativas, se dispara una señal de alarma que se traduce en una alteración en el funcionamiento de nuestro cuerpo físico.

Esa alteración puede ser desde la más insignificante, hasta llegar a perturbar seriamente nuestra vida cotidiana. Allí es donde comienzan literalmente a llover las distintas cápsulas y pastillas, en un intento desesperado por recuperar el equilibrio perdido. Pero lo más importante no es cumplir con el horario de ingerirlas, sino detenerse en el jardín de nuestro corazón e intentar saber qué nos pasa.

¿Qué está bien y qué no lo está en nuestra vida? ¿Te das cuenta de que corriendo el velo que cubre nuestros ojos y que no nos permite ver la realidad que vivimos asistiremos a algo así como una cura milagrosa, porque buena parte de los males que nos aquejan desaparecerán como por arte de magia?

Nuestro cuerpo busca con empeño y de forma constante su eje, su equilibrio y su armonía. El estrés de la vida cotidiana y los factores que nos afectan permanentemente destruyen la paz y nos hacen sufrir sin necesidad. No debemos de ningún modo llegar a tocar fondo o caer en un precipicio del que no podremos salir sin ayuda.

Déjate llevar por este mundo nuevo, que es el mundo de la comprensión de lo que vives y de por qué lo vives. Entra todas las veces que lo consideres necesario a tu jardín y no te retires de él hasta no encontrar las respuestas que sean el inicio de tu proceso de sanación interna. No puedes dar aquello que no tienes. Por lo tanto, si tienes problemas en tus vínculos habituales es porque hay conflictos que por distintos motivos no has podido procesar adecuadamente.

Hoy tienes la oportunidad de liberarte de culpas injustas, de sentimientos de inferioridad o de baja autoestima. Íntegrate en este mundo nuevo que se abre ante tus ojos, y comprende que la vida continúa, a pesar de todos aquellos que desean que se quede en un determinado punto que es favorable para ellos, pero no necesariamente para ti.

Fluir con la vida

Tienes que fluir con la vida, apelar a tu creatividad, a tu mente, que es la gran aliada para la superación de los momentos difíciles y cruciales de tu existencia. Y algo que debes repetirte una y otra vez es que si sigues haciendo lo mismo, si sigues teniendo las mismas conductas y las mismas actitudes, jamás obtendrás resultados diferentes.

No solo todo será igual sino que cada vez te resultará más arduo abrir tu mente, porque las creencias se van afianzando en la profundidad de tu persona, lo que hace que cambiarlas se vuelva muy difícil. Cuanto antes logres abrir la mente a un mundo nuevo, antes volverá a dibujarse la sonrisa en tu rostro, y la esperanza de un futuro promisorio comenzará a rondar en tus pensamientos.

Creer y saber que tienes un espacio de encuentro en tu vida, y que de allí pueden surgir ideas y proyectos que cambien radicalmente tu existencia, ya es una buena parte del recorrido que debes realizar. Aumentar la confianza en ti mismo será el acicate principal para que aceptes que hay un mundo nuevo ante tus ojos y que te espera.

Ve hacia él, déjate envolver por la luz que emite y siéntete con el derecho a una vida plena, a una vida sin remordimientos, a una vida de realizaciones, que son consecuencia de tu trabajo interior y de haber comprendido su importancia. A partir de ahora caminarás solo. Tienes las herramientas para hacerlo. Todo dependerá de ti y de las decisiones que tomes.

Desde ahora mismo te extiendo la invitación para que me acompañes en el próximo libro, que está esperando para ser escrito. La temática será diferente pero necesaria, y espero que te resulte interesante, al igual que mis libros anteriores.

Solo te diré que tardé quince años en resolver la escritura de este libro. Hoy creo encontrarme en condiciones de hacerlo y por eso te invito a leerlo.

Ahora nos dirigimos al encuentro de las últimas reflexiones. Merecemos un final con café, chocolate y algunas almendras o castañas de cajú. Son una buena compañía. Comprendo que estos temas pueden resultar áridos, pero son a la vez la base fundamental de todos los desórdenes internos que nos aquejan a los seres humanos.

Por ello, cerrar los ojos y no abordarlos no mejorará nuestra calidad de vida y ¡estamos empeñados en lograrlo!

Gracias por tu amable y agradable compañía.

Reflexiones finales

Todo tiene un principio y un fin.
La vida también los tiene.
Lo trascendente es lo que vivimos entre un punto y otro.
No hay marcha atrás en nuestras vivencias.
¡Mira hacia el futuro, allí residirás el resto de tu existencia!

Hemos llegado a las reflexiones finales. ¿Qué conclusiones has sacado? Voy a compartir las mías contigo, ya que has tenido la paciencia de estar a mi lado, no solo a lo largo de la escritura de *El jardín de tu corazón* sino también de otros títulos de mi obra.

Por ello te estoy profundamente agradecido. Es más fácil escribir cuando uno se siente acompañado aunque sea en la distancia, en otras tierras, con otras costumbres o con otros idiomas. Pero hay un lenguaje común entre los seres humanos, que es la búsqueda del bienestar y de la felicidad. También lo es el encontrar el modo de alejar las emociones negativas, que tanto daño nos producen. En eso estamos todos mancomunados.

Al escribir siento que estoy hablando contigo frente a

frente como si estuviéramos alrededor de una mesa, intentando arreglar el mundo, por lo menos nuestro mundo: el interior y también un poco el exterior.

La idea al escribir *El jardín de tu corazón* fue justamente reflexionar acerca de cómo generar un espacio de encuentro con nosotros mismos, en medio de un mundo que no entendemos muy bien hacia dónde se dirige ni cuál es su objetivo principal.

Lo que sí me ha parecido importante compartir contigo es la necesidad de aislarnos periódicamente del vértigo en el que vivimos, para ir al encuentro de nuestro punto de bienestar, que reside allí, en el jardín que te he sugerido que diseñes a tu gusto.

Una vez instalados en él, son tantos los interrogantes que acuden a nuestra mente que debemos clasificarlos por orden de trascendencia. Uno de los primeros puntos por evaluar es cómo nos relacionamos con nuestro entorno. Saber de qué manera influyen en nosotros los pensamientos de la mayoría y si estos nos llevan a olvidarnos de los nuestros, con tal de pasar desapercibidos y no ser señalados como diferentes.

Con el paso de los años tomarás total conciencia de que solo tú creas tu universo, con tus principios, tus valores y modelos de comportamiento. Cuando estamos en el otoño de la vida poco importa lo que piensen los demás. La vida es propiedad privada de cada ser humano, y es cada uno quien debe decidir cómo la quiere vivir, aun a riesgo de equivocarse.

Es cierto que el mundo cambia con mucha rapidez, por lo que los paradigmas también se modifican y ese es un punto complicado para quienes tenemos muy arraigadas determinadas creencias sobre las que hemos construido el edificio de nuestra existencia. La evidencia es de tal magnitud que esos paradigmas deben actualizarse para no quedar atrás en este mundo que nos exige una puesta al día constante.

Eso no significa que dejemos de lado nuestra dignidad. Una buena autoestima es sinónimo de una vida digna. Sabemos lo que queremos, ayudamos a quien no encuentra su camino y somos solidarios con quien nos necesita, trátese de la circunstancia que se trate.

No sigas buscando cambios fuera de ti. No los encontrarás, solo te confundirás. Después de andar y andar, verás que, regresando al jardín de tu corazón y tomándote un tiempo para ti, irás rescatando una por una las respuestas que necesitas para vivir mejor y para incrementar tu calidad de vida. El tiempo es tirano, porque cada día tiene solo veinticuatro horas.

A pesar de ello, es tiempo suficiente para ordenar los pensamientos y poner rumbo a esas nuevas galaxias que has de explorar, en la búsqueda de un mundo nuevo que se abrirá ante tus ojos, siempre y cuando lo abordes con una mente abierta.

He dejado para el final la eterna pregunta de si se puede ser feliz o no. Honestamente, no tengo una respuesta definitiva. Sí creo que el bienestar y la felicidad son hermanos y que si de alguien depende el alcanzarlos es exclusivamente de cada uno de nosotros.

También es bueno definir lo que significa el bienestar y la felicidad para cada individuo. Lo que es suficiente para algunos no lo es para otros, por ello el acceso a estas condecoraciones de la vida depende de cuáles son los parámetros con los cuales se juzgan estos conceptos.

Eso nos hace confirmar, una vez más, la singularidad de cada hombre y de cada mujer, para los cuales sentirse bien con la vida tiene significados bien diferentes, que los llevan a tomar caminos y actitudes también estrictamente personales. Que lo logren o no es otra cuestión. La vida no tiene un manual de uso. Lo vamos construyendo paso a paso y cada uno tiene el suyo.

No es que sea mejor uno que otro, sino que el andamiaje sobre el que diseñamos nuestra existencia tiene un sello personal, y habría que investigar si en ese sello tan particular están incluidos el bienestar y la felicidad, o solo el éxito fugaz y transitorio que colma el ego desmedido de algunos seres humanos.

Lo cierto es que cada uno de nosotros vive su vida de acuerdo con sus principios, o por lo menos así debería hacerlo. Hay múltiples sucesos que van apareciendo en el curso de la existencia y que pueden apartarnos de una línea que pudimos habernos trazado para recorrer y llegar al destino elegido.

Lo importante es ser coherente y, si hay interferencias u obstáculos, una vez superados, debemos regresar lo antes posible al derrotero que hemos trazado para lograr nuestros sueños.

Cuanto más tiempo dediquemos al jardín de nuestro corazón, más rápidamente llegaremos a conocernos tal como somos y tal como actuamos. Seguramente no existe ser humano que no tenga algo que corregir en su comportamiento y en sus actitudes. Por ello, aceptar la realidad y reconocer el escenario donde se desarrolla nuestra vida es primordial.

Quiero dejarte un mensaje como corolario de esta obra de la que tú también has sido un actor significativo estando a mi lado. Nunca dejes de ser tú mismo, con tus virtudes y con tus debilidades. Reconoce estas últimas y trabaja en ellas con intensidad para que se conviertan en nuevas fortalezas que te hagan la vida más fácil, más sencilla y más amigable.

No mires lo que hacen los demás. Ocupa tu tiempo en ser una mejor persona y fíjate metas que puedas cumplir y controlar. Si te centras en ti mismo, avanzarás y llegarás al destino que has elegido, sabiendo lo que quieres para tu vida.

Ya te he invitado y te espero en mi próximo libro. Tendrá un tema diferente, pero la misma sinceridad e idéntico espíritu abierto para compartir lo que nos pasa a todos en esta aventura increíble que es vivir. La cita será dentro de muy poco tiempo, de modo que prepárate porque te necesito a mi lado, por el contenido de esta obra que quiero escribir.

Hasta entonces, mi profundo agradecimiento por tu tiempo y por ser mi interlocutor en esta tarea de la comunicación humana.

Sugerencia a los lectores

Si la lectura de este libro te ha hecho reflexionar, como es mi intención, y si ha generado en ti interrogantes, preguntas o comentarios, ten la certeza de que son sumamente importantes para mí.

Los conceptos que se vierten en mis libros los pongo a consideración de los lectores, que son los jueces inapelables de mi trabajo.

Si sientes la necesidad de transmitirme algo que haya surgido del análisis profundo de tu situación personal, o sentimientos que hayan despertado en ti al tomar contacto con tu realidad, no dudes en hacerme llegar tu opinión al respecto, sabiendo que será bienvenida.

Puedes escribirme a la siguiente dirección electrónica:

• wdresel@adinet.com.uy

O también puedes visitar mi página web y mi blog:

• www.exitopersonal.org (Hacia el equilibrio emocional)
• www.walterdresel.blogspot.com (Herramientas para la vida)

O seguirme en las redes sociales:

- Facebook: Walter Dresel Sitio Oficial y en Twitter: @walterdresel

Desde ya, muchas gracias.